살아 있는
종교개혁

IVP(InterVarsity Press)는
캠퍼스와 세상 속의 하나님 나라 운동을 지향하는
IVF(InterVarsity Christian Fellowship)의 출판부로
생각하는 그리스도인을 위한 문서 운동을 실천합니다.

Copyright © 2017 Michael Reeves and John Stott, complete work © 2017 Lausanne Movement. Original edition published in English under the title *The Reformation* by Lion Hudson IP Ltd, Oxford, England.
This edition copyright © 2017 Lion Hudson IP Ltd. License arranged through rMaeng2, Seoul, Republic of Korea.

This Korean translation edition © 2020 by Korea InterVarsity Press
156-10 Donggyo-ro, Mapo-gu, Seoul 04031, Republic of Korea.

이 한국어판의 저작권은 알맹2를 통하여
Lion Hudson IP Ltd와 독점 계약한 IVP에 있습니다.
신 저작권법에 의하여 한국 내에서 보호받는 저작물이므로
무단 전재와 무단 복제를 금합니다.

살아 있는
종교개혁

**The Reformation
What You Need to Know and Why**

프로테스탄트 기본 진리와 정신을 찾아서

존 스토트 · 마이클 리브스
정옥배 옮김

lvp

"부르심을 받은 자, 곧 하나님 아버지 안에서 사랑을 얻고 예수 그리스도를 위하여 지키심을 받은 자들에게 편지하노라.…내가…성도에게 단번에 주신 믿음의 도를 위하여 힘써 싸우라는 편지로 너희를 권하여야 할 필요를 느꼈노니." (유다서 1, 3절)

유다 예수 그리스도의 종이며 육신의 형제

"그 한 문장은 지은 죄들에 대한 죄책으로 상처투성이였던 내 마음을 너무나 유쾌하게 해 주어서, 즉시 나는 놀라운 위로와 확신을 느꼈다. 그 성경은 내게 꿀송이보다 더 달다."

토머스 빌니 초기 케임브리지 종교개혁자
믿음으로 말미암아 은혜로 의롭게 되는 것에 대해

"종교개혁자들은 목숨에 연연하지 않았으며 죽음도 불사했다. 그래서 우리는 귀하고 영원한 복음을 손상되지 않은 원래의 상태대로 받을 수 있었다. 기억 상실과 상대주의와 피상성이 난무하는 이 시대에, 우리는 이 동일한 복음을 굳게 지키고 전달해야 한다. 우리 역시 구름같이 허다한 증인들의 박수를 받으면서, 하나님의 선지자들과 사도들의 개선 행렬 속에서 걷고 있기 때문이다.

캄보디아 그리스도인들은 폴 포트(Pol Pot) 치하에서 캄보디아판 네로 박해를 겪었다. 그들은 언제나 자신들이 반(反)문화적 존재라는 것과, 또 그리스도를 따른다는 것은 죄 많은 세상에 의해 십자가에 못 박힌다는 것이며 거룩하신 하나님에 의해 십자가 형태의 삶을 살게 된다는 것을 알았다."

던 코맥(Don Cormack) 『킬링필드 리빙필드』 저자

차례

머리말   9
    _린지 브라운

제1부   종교개혁의 역사와 의의   17
    _마이클 리브스

제2부   복음적 신앙과 우리의 역할   51
    _존 스토트

부록   교회의 하나됨을 위한 예수님의 기도   83
    _앨런 퍼서
    연구와 성찰을 위한 질문   89
    종교개혁 연대표   93
    마르틴 루터의 95개 논제   99

유럽의 종교개혁에 대한 다른 대륙의 관점들은
lausanne.org/reformation에서 찾아볼 수 있다.

종교개혁 이전의 찬송가

오소서 오 사랑의 하나님
내 영혼을 찾으시며
주의 뜨거운 열심으로 내 영혼에 찾아오소서
오 위로자시여 더 가까이
내 마음속에 나타나사
거룩하신 불꽃을 내려 내 마음에 불을 지펴 주소서

오 내 마음이 한껏 불타오르게 하소서
세속적인 열정이
뜨겁게 타오르는 불꽃 속에서 먼지와 재로 변할 때까지
그리고 주의 영광스러운 빛이
언제나 내 눈길 닿는 곳을 비추게 하소서
나를 두르시고 내 길을 밝히소서

거룩한 자비로
나를 덮어 겉옷 삼게 하시고
겸손이 나의 속옷이 되게 하소서

낮아짐을 취하는
마음의 진정한 겸손
그리고 그 부족함을 한탄하며 눈물을 흘리나이다
그래서 영혼이 간절히 바라는
강렬한 갈망이
인간의 말의 능력을 훨씬 뛰어넘으리
아무도 그 은혜를 추측할 수 없으니
그가 성령이 내주하시는
그곳이 되기까지

비앙코 다 시에나(Bianco da Siena, c1350-1399)
리처드 프레더릭 리틀데일(Richard Frederick Littledale) 영역

- 린지 브라운(Lindsay Brown)은 1991년부터 2007년까지 IFES 총무로, 그리고 2008년부터 2016년까지 로잔 운동 국제 책임자로 섬겼다. 현재 IFES 대표 전도자(Evangelist-at-Large)다.

머리말

린지 브라운

이 짧은 책을 진심으로 환영한다. 우리는 교회사에서 배울 것이 많으며, 이 책에서는 600년 전에 일어난 사건들이 어떻게 웨슬리 형제, 조지 휫필드, 조나단 에드워즈, 찰스 시므온, 찰스 스펄전 같은 18세기와 19세기의 위대한 설교자들이 활동할 수 있는 장을 마련해 주었는지 그리고 그들이 어떻게 지금 우리에게 복음을 주었는지 볼 수 있다. 하나님이 종교개혁 전까지는 아무 증인 없이 홀로 계셨다는 말이 아니다. 16세기 이전에는 위클리프와 그 추종자들의 사역, 초기 순교자들, 얀 후스의 지도력이 있었을 뿐 아니라, 유럽 전역에서 희미하게 반짝이는 불빛들이 있었다. 예를 들어, 이탈리아의 신비주의 시인이자 제수아티(Gesuati) 수도회원이었던 비앙코 다 시에나는 "오소서, 오 사랑의 하나님"(Come down, O love divine)이라는 아름다운 찬송을 우리에게 물려주었다.

종교개혁 때 일어난 사건들을 돌아보는 제1부를 읽을 때, 다음 네 가지를 놓치지 않도록 하자.

첫째, 루터를 볼 때, 하나님은 거칠고 투박한 성격을 잃은 적 없는 대단히 평범한 수도자를 사용하셨다. 그의 태도, 특히 그의 유머는 거칠었다고 볼 수 있다. 오늘날 교회나 신학교에서 결원을 메꾸기 위한 광고를 한다면, 루터는 최종선발 후보자 명단에 들어가지 못할 것이다. 하나님은 하나님이시다. 그리고 그분이 특별한 때를 위해 자신이 뜻하시는 대로 자신의 종들을 택하신다.

둘째, 하나님은 많은 가닥으로 된 하나의 운동을 사용하셨다. 연대표에서 볼 수 있는 것처럼, 그 가닥들은 200년이 넘는 기간에 걸쳐 뻗어 있다. 그래서 1517년 10월 31일 저녁 비텐베르크가 일반적으로 '종교개혁의 시작'이라고 여겨지지만, 그것은 종교개혁의 마지막 긴 대단원의 중대한 시작이라고 말하는 것이 더 정확하다.

셋째, 교회의 교리와 권위에 저항하는 것이 필요했었다. 그것은 엄청난 용기를 요구하는 일이다. 하지만, 오랜 세월에 걸쳐 중세 교회에 쌓여 온 먼지와 때는 신약성경 저자들의 메시지를 혼란스럽게 바꾸어 버려, 이제는 그저 그리스도 예수 안에 있는 진리를 모호하게 만들 뿐이었다. 오직 성경만이 우리의 최종 권위다.

넷째, 종교개혁은 교리의 중요성을 변호한다. 성경 교리에 대한 분명한 이해는 안정적인 토대를 만들어 내고, 예수 그리스도의 구속 사역에 대한 확고한 믿음의 기초를 제공한다. 그것은 우리의 하나님 이해를 심화함으로써, "이슬처럼"(신 32:1-2) 우리를 영적으로 상쾌하게 해 준다.

제2부에서 존 스토트가 상기시키듯이, 종교개혁자들은 단지 초대 교회 지도자들인 사도들이 가르쳤던 것을 재확인하고 있을 뿐이었다. 복음적 신앙은 (일탈이기는커녕) 단지 사도적 진리의 재확인일 뿐, 그 이상도 그 이하도 아니기 때문이다. 종교개혁자들은 의심하는 이들의 눈앞에 성경을 열어 주고, 죄책감에 시달리는 이들과 궁핍한 이들에게는 성경이 어떻게 오직 믿음으로 말미암아 하나님의 은혜로만 구원의 선물을 그들에게 제시하는지 보여 주었다.

'복음주의자'(evangelical)라는 단어를 헐뜯는 것이 유행이 되었다. 그 말을 일부 정당에서 도용해 온 것—그리고 실추시켜 온 것—은 사실이다. 게다가 일부 국가들에서 복음주의자라는 말은 '개신교도'(Protestant)라는 말과 같은 의미로 쓰인다. 하지만 이 때문에 그 말을 거부하기보다는, 오히려 그 말의 의미와 가치를 재확인해야 한다. 내가 존 스토트와 나누었던 대화를 기억한다. 그는 복음주의자라는 단어가 오용되는 것을 안타까워했다. 그는 '자유주의적 복음주의자' '보수주의적 복음주의자' '관대한 복음주의자' '개방적 복음주의자' '본질적 복음주의자' 같은 용어들에 그리 열광하지 않는다고 내게 말했다. 그는 '복음주의자'라는 말이면 그 자체로 충분하다고 생각했기 때문이다. 존 스토트의 설명에 따르면 그 말은 "길고 영광스러운 역사를 가진 고상한 단어"로, 그 역사는 저 멀리 2세기까지 거슬러 올라간다.[1]

존 스토트는 종교개혁자들의 유산에 대해, 그리고 그 유산이 지금 동일한 사도적 전통 안에 있는 우리에게 의미하는 바에 대해 훌륭한 해설을 해 준다. 이런 의미에서 로잔 운동은 부끄러울 것 없는 복음주의 운동이다. 그 용어는 특정한 정치 성향도, 심지어 특정 교회 전통도 요구하지 않는다. 그 말의 어원인 '유앙겔리온'(*euangelion*), 즉 복음이라는 말은 신약에서 오직 그리스도의 구원 사역과 관련해서만 사용된다.

그렇다면, 복음의 진수는 오직 믿음으로 말미암아 은혜로만 의롭다 하심을 받는다는 사도적 교리다. 우리가 보듯이, 이것이 종교개혁의 중심이 되어야 했다. 실제로 루터는 그것이 "교회의 운명을 결정하는 것이다.…그것은 교회의 모든 교

---

1 우리는 그 말이 적어도 주후 180년까지 거슬러 올라가, 이단자 마르키온(Marcion)과 초기 그리스도인 지도자들의 논쟁에서 '복음'(the gospel)과 '책'(the book)의 사람들을 가리키는 데 사용되었음을 안다.

리를 보존하고 지도한다"고 요약했다.[2]

그 때문에 부록에서는 교회를 위한 예수님의 기도를 다시 한번 볼 것을 요청한다. 그리스도가 잡히시던 날 밤에, 그분은 믿는 자들이 사도적 진리 안에 계속 거하도록 기도하셨다. 이것은 우리가 계속 효과적으로 선교하도록 도와줄 것이다.

우리가 수 세기를 검토하고 세상을 둘러볼 때 누구이 발견하는 것은 사람들을 믿음으로 부르시는 오직 하나님의 은혜만이 지닌 동일한 능력이다. 이곳 내 고국에서는 웨일스 부흥운동들에 대한 기록을 통해 그 능력을 분명하게 추적할 수 있다. 성령께서 동아프리카와 서아프리카의 부흥운동들에서, 중국에 그리스도의 교회를 세우는 것에서, 우리가 듣는 이슬람 세계의 수많은 회심들에서 역사하신 것은 오직 하나님의 은혜로 인한 것이다.

은혜의 중심성은 종교개혁자들에게만 중요했던 것이 아니다. 우리는 아우구스티누스(Augustine), 존 웨슬리, C. S. 루이스(Lewis)의 글에서도 그것을 본다. 은혜를 단단히 붙잡는 것은 깊은 확신의 토대다. 그뿐 아니라 그것은 많은 사람이 구하지만 좀처럼 얻지 못하는 기쁨이라는 경험의 원천이다.

---

[2] 발타사르 마이스너(Balthasar Meisner)는 이 표현을 '루터의 잠언'이라고 말했다(*Anthro-pôlogia sacra* disputation 24, [Wittenberg: Johannes Gormannus, 1615]).

이 진리에 대해 루터는 "자신이 무엇으로부터 구원받았는지 안다면, 당신은 몹시 두려울 것이다. 반면 자신이 무엇을 위해 구원받았는지 안다면, 당신은 몹시 기쁠 것이다"라고 썼다.

이 때문에 종교개혁은 아직 끝나지 않았다. 우리가 사는 '진리-이후'(post-truth) 세대에, 성경의 권위에 대한 메시지는 여전히 분명하게 선포될 필요가 있다. 성경은 참되며, 반드시 그것을 믿고, 순종하고, 변호해야 하고, 우리는 필요하다면 그것을 위해 죽을 준비가 되어 있어야 하기 때문이다.

개인적 이야기로 마무리하겠다. 몇 년 전, 나는 아르헨티나의 한 학생 수련회에서 믿음으로 말미암아 은혜로 의롭다 함을 받는 교리에 대해 말하고 있었다. 별이 쏟아지는 밤이었고, 말씀을 전한 후에 나는 남반구의 별들을 감상하기 위해 밖으로 나갔다. 한 남자가 나를 따라왔다. 그는 나이 지긋한 네덜란드 선교사였다.

"감사합니다." 그가 말했다. "오늘 밤에 이 위대한 진리에 대해 말씀해 주셔서요. 나도 같은 주제에 대해 여러 번 말씀을 전했습니다만, 다른 사람들이 그 진리를 상기시켜 줄 때는 언제나 깊은 감동을 받지요."

"왜 그러신 거죠?" 내가 물었다.

"글쎄요." 그가 말했다. "2차 세계대전 때, 나는 히틀러 청소년단 단원이었습니다. 끔찍한 일들을 행했고, 보았죠. 전쟁 직후에 나는 하나님의 은혜를 맛보았고 그리스도인이 되어 예수 그리스도를 따랐습니다. 그 후 하나님은 나를 기독교 사역으로 부르셨고, 나는 이리안자야에 개척 선교사로 파송되었습니다. 거기서 하나님은 나를 부흥에 사용하셨습니다. 어느 일요일에 나는 2천 명의 새 신자에게 세례를 주었습니다. 이제 이 위대한 진리가 왜 내게 그렇게 중요한지 아시겠습니까? 그것은 어떤 골짜기도 하나님이 그분의 은혜로 나를 끌어내서 내 발을 마른 땅에 서게 할 수 없을 만큼 깊지는 않다는 것을 상기시켜 주기 때문입니다. 나는 심판받고 버림받아야 마땅했습니다. 하지만 하나님의 의롭다 하시는 은혜 때문에, 하나님은 나를 구원하셨을 뿐 아니라, 그리고 나를 사역에 사용하셨을 뿐 아니라, 나를 부흥에 사용하기에 적합하다고 보셨습니다."

그리스도의 사역을 통한 하나님의 의롭게 하시는 행동은 이처럼 놀랍다.

이 책이 우리 시대 많은 사람의 마음을 감동시켜서 이 메시지를 16세기 종교개혁자들이 했던 만큼 활발히 선포하는 데 조금이나마 사용되기를 바란다.

제1부

종교개혁의 역사와 의의

마이클 리브스

• 마이클 리브스(Michael Reeves)는 영국 유니언 신학교(Union School of Theology, www.ust.ac.uk) 학장이자 신학부 교수로, UCCF(Universities and Colleges Christian Fellowship) 신학 책임자를 지냈으며, 런던 랭엄 플레이스(Langham Place)에 있는 올 소울스 교회(All Souls Church) 부목사였다. 저서로는 『종교개혁 핵심질문』(*Why the Reformation Still Matters*)과 『꺼지지 않는 불길』(*The Unquenchable Flame*) 등이 있다.

평안을 얻으려는 필사적 추구

스물한 살 청년이 갑자기 맹렬한 폭풍에 휩싸였을 때, 그는 자신이 다니는 독일 에르푸르트(Erfurt)의 대학교를 향해 걸어가고 있었다. 번개가 너무 가까이에 떨어지는 바람에 바닥에 쓰러지고 만 그는 공포에 사로잡혀 외쳤다. "성 안나(Saint Anne)여, 도와주소서! 수도사가 되겠나이다!" 그렇게 해서 젊은 마르틴 루터는 수도사의 삶을 시작했다.

루터는 그 삶을 대단히 진지하게 받아들였다. 죽음에 대한 그리고 장차 자신의 심판자 앞에 서리라는 예상으로 인한 두려움 때문에, 그는 하늘로 오르는 사다리가 아무리 가파르다 해도 그 사다리에 오르기로 결심했기 때문이다. 루터는 몇 시간마다 수도원에 있는 자신의 작은 방을 떠나 예배당으로 예배를 드리러 가곤 했다. 한밤중에 드리는 아침 예배로 시작해서, 아침 여섯 시에 또 한 번, 아홉 시에 또 한 번, 열두 시에 또 한 번 하는 식으로 예배를 드렸다. 그는 종종 한 번에 사흘씩 먹지도 마시지도 않았으며, 한겨울에 일부러 몸이 꽁꽁 얼도록 밖에 있기도 했다. 그런 행동으로 하나님을 기쁘시게 하기를 바라서였다. 고해성사에 푹 빠져 있을 때는 한 번에 여섯 시간 동안이나 자신이 가장 최근에 지은 죄들을 토로하는 바람에, 고해 신부를 기진맥진하게 만들기도 했다.

하지만 더 많은 것을 할수록, 루터는 더 괴로웠다. 그것으로 충분했나? 그의 동기는 올바른 것이었나? 온갖 외적 행위들로 지쳐 가는 만큼이나, 그는 더욱더 깊은 자기반성 속으로 침잠해 갔다. 그러다가 1510년, 루터는 수도원 일로 로마를 방문할 기회를 얻었다. 루터에게 그것은 꿈꾸던 일의 실현이었다. 그곳 로마에서 루터는 다른 어디서보다 사도들과 성자들에게 더 가까이 갈 수 있었다. 그 장소는 그들의 성물들로 가득 차 있었으며, 그가 배운 바에 따르면 각 성물은 다양한 영적 유익들을 주었다. 그는 도착하자마자, 각 성지에서 공로를 달성하기를 바라면서 미친 듯이 이 성지 저 성지를 뛰어다녔다. 루터는 실제로 자기 부모가 죽기를 바라기도 했는데, 자신이 축적하고 있는 그 모든 공로의 덕으로 부모를 연옥에서 구해 줄 수 있기 때문이었다.

다음으로 루터는 '거룩한 계단'(Scala Sancta)을 오르기로 했다. 이것은 예수님이 빌라도 앞에 출두하시기 전에 올랐다고 여겨지는 계단으로, 그 후에 로마로 가져왔다고 한다. 한 계단 올라설 때마다 계단에 입을 맞추고 주기도문 읊는 것을 반복하면서, 그는 자신이 선택한 영혼을 연옥에서 구해 줄 수 있다고 확신했다. 물론, 루터는 그것을 목표로 삼고 실행했다. 하지만 계단 꼭대기에 이르자 그는 묻지 않을 수 없었다. "그게 정말인지 아닌지 누가 알겠는가?"

루터는 돌아오자마자 비텐베르크의 작은 마을에 있는 아우구스티누스회 수도원으로 옮겼다. 그 지역은 작았을지 모르지만, 작센 선제후령(Electoral Saxony)의 수도였으며, 그 지역 통치자인 '현자' 프리드리히(Frederick 'the Wise')는 그곳을 그가 수집한 엄청난 성물들을 보관하는 근거지로 만들었다. 그곳에 있는 성 교회(Castle Church)에서 순례자들은 성물 19,000개 이상이 보관된 아홉 개의 복도를 구경할 수 있었다. 그중 흥미로운 성물로는 그리스도가 누웠던 구유에서 가져온 짚단, 그리스도의 턱수염 한 가닥, 십자가에서 나온 손톱, 최후의 만찬에서 나온 떡 한 조각, 모세의 불타는 떨기나무에서 나온 잔가지 하나, 마리아의 머리카락 몇 올과 마리아의 옷 몇 조각, 그리고 유명한 성자들의 치아와 뼛조각이 무수히 많이 있었다. 더 중요한 것은, 성물 하나를 숭배하는 행동이 100일간의 면벌부에 해당하는 값어치를 지니고 있었다는 점이다(또한 각 복도를 지날 때마다 하루씩 보너스가 있었다). 그것은 경건한 방문객이 총 1,900,000일 이상 연옥에서 벗어날 수 있다는 의미였다.

연옥 산업

연옥과 면벌부는 오늘날 모든 사람에게 익숙한 개념은 아니지만, 이 두 가지는 온전히 구원받을 만큼 충분히 의로운 상태로 죽을 사람은 거의 없다는 가르침에서 나왔다. 살인 같은 '죽을' 죄를 회개하지 않고 죽는 경우가 아닌 한(그 경우에는 지옥에 갈 것이다), 그리스도인은 죽음 이후에 연옥(purgatory)에서 자신의 모든 죄를 서서히 정화할(purged) 기회가 있었다. 그런 다음 온전히 깨끗하게 되어 하늘나라에 들어갈 수 있었다. 죽음 이후 수천 년 또는 심지어 수백만 년간의 징계를 기뻐하는 사람은 거의 없었으며, 그런 사람들은 자기 자신과 자신이 사랑하는 사람들을 위해 연옥을 통과하는 빠른 길을 찾았다. 죽은 자를 위해 기도하는 것에 더하여, 미사 전체를 연옥에 있는 영혼들을 위해 드릴 수 있었고, 그러면 그 미사의 은혜는 세상을 떠나 고통받는 영혼에게 직접 적용될 수 있었다.

바로 이런 이유로, 전체 산업이 연옥을 중심으로 발전했다. 부유한 사람들은 개인 예배당(chantries)을 짓고 사제를 고용했다. 이렇게 따로 마련된 특별 제단에서 사제들은 그들의 후원자 혹은 그 후원자의 운 좋은 유산 수령인들의 영혼을 위해 기도와 미사를 드렸다. 덜 부유한 사람들은 그와 같은 일을 하기 위해 조합을 만들어 비용을 갹출했다.

그렇다면 대부분 사람들은 자신이 죽음 이후에 연옥에서 일정 기간 지내리라고 예상했을 것이다. 그러나 어떤 성자들은 너무 선해서 연옥을 완전히 건너뛰고 곧장 하늘나라로 들어가기에 충분한 공로를 갖고 있었으며, 사실상 그들에게 필요한 것 이상의 공로를 갖고 있다고 루터는 배웠다. 그들의 이런 '여분의 공로'는 따로 보관되었는데, 말하자면 교회 금고 같은 곳에 모아두고 교황만이 그 금고 열쇠를 가지고 있었다. 그러므로 교황은 자신이 합당하다고 여기는 어떤 영혼에게든 공로의 선물(면벌부)을 줄 수 있었다. 면벌부를 받은 영혼은 급행으로 연옥을 통과하거나, 심지어 ('완전 면벌부' 또는 '전 대사부'가 있으면) 연옥을 완전히 건너뛸 수 있었다. 루터 당시에는 교회에 돈을 기부하면 그런 면벌부를 받을 만큼 충분히 참회한 것으로 여겨지는 경우가 많았다. 그래서 약간의 돈으로 영적인 복락을 확보할 수 있다는 생각이 사람들 마음속에 점점 확실해졌다. 마르틴 수사 같은 수도사에게, 이러한 손쉬운 종교적 거래는 참된 회개에 대한 조롱이었다. 그것은 예기된 스캔들이었다.

게다가 루터는 요한 테첼(Johann Tetzel)에 대해서도 들었다. 테첼은 현란한 스타일에 4중주단을 데리고 다니는 면벌부 장사였다. 그는 "돈궤에 동전이 짤랑 떨어지면 연옥에서 영혼이 일어난다네"라는 가락을 외치면서 면벌부를 광고했으며, 청중에게 "죽은 부모와 다른 사람들이 '심한 벌과 고통 속에 있는 우리에게 자비를 베풀기를. 적은 구제금으로 우리를 이곳에서 구할 수 있을 것'이라고 애원하는 소리가 들리지 않습니까?"라고 말했다. 테첼은 사람들에게 죄를 고백하라는 요청조차 하지 않았다. 그저 돈만 있으면 되었다.

1517년 만성절(All Saints' Day, 11월 1일)에 비텐베르크에서 성자들의 공로가 드려질 예정이었고, 루터는 그때가 그 문제를 토론할 기회라고 보았다. 그래서 10월 31일(만성절 전야)에 성 교회 문에 면벌부 문제를 토론하기 위한 95개 논제를 못으로 박아 놓았다. 다음 날이면 모두가 그 목록을 보아야 할 터였다. 거기서 루터는 왜 교황이 돈을 받는 대신 사랑의 발로로 모든 영혼을 연옥에서 풀어 주지 않는가 등과 같은 질문들을 했다. 하지만 가장 중요한 것으로, 루터는 면벌부 매매 관행을 다루었다. 면벌부는 마음의 참된 회개를 할 필요성을 순전히 외적인 거래로 사실상 대체했기 때문이다. 이 주장을 뒷받침하는 것으로, 루터는 이내 고해 성사를 정당한 것으로 만들기 위해 사용되었던 라틴어 불가타 성경의 증거 본문이 헬라어 원문의 오역이었다는 사실을 발견했다. 불가타 성경에서 마태복음 4:17은 *penitentiam agite*('고해를 하라')로 되어 있는 반면, 헬라어는 '네 마음을 바꾸라'는 의미로, 단순히 외적인 것이 아니라 내적인 무언가를 뜻했다.

루터는 자신의 행동이 가져올 결과들을 절대 예견하지 못했을 것이다. 그는 뜻하지 않게 유럽을 완전히 뒤집어 놓을 연쇄 반응을 시작했기 때문이다. 첫 번째 반응은 놀라울 것 없이 요한 테첼에게서 왔다. 테첼은 즉각 루터를 이교도로 화형시키라는 추상같은 요구를 발표했으며, 루터에 반대하는 외침은 커져만 갔다. 곧 루터는 훨씬 더 숙련된 신학자들과 토론을 해야 했으며, 진짜 문제는 권위의 문제라는 것이 점차 더 분명해졌다. 최종 권위는 무엇인가? 교회인가, 아니면 성경인가?

낙원에 들어가다

이 모든 소동이 일어나는 동안, 기독교에 대한 루터 자신의 이해는 바뀌고 있었다. 루터가 95개 논제를 내건 이유는 면벌부가 회개를 값싸게 만든다고 믿었기 때문이었다. 하지만 면벌부에 대해 더 생각할수록, 그는 자신이 죄를 얼마나 피상적으로 다루었는지 알게 되었다. 학생 시절에 루터는 신학자들이 "최선을 다하는 자에게 하나님이 은혜를 안 주지는 않으실 것"이라고 말하는 것을 들었다. 그 결과 그는 자신의 죄를 겉으로 보이는, 행동의 문제—더 나은 활동으로 바로잡을 수 있는 문제—라고 보았다. 하지만 이제 루터는, 진짜 문제는 훨씬 더 깊다는 것을 점점 더 인식하고 있었다. 죄는 우리 마음속에 있는 것으로, 우리 욕망의 고갱이를 형성하는 것이다. 그러므로 '최선을 다하는' 사람들은 죄된 자기애로 그들 자신을 의지함으로써 여전히 그들 마음속에 있는 죄를 행동으로 나타내고 있을 뿐이었다. 그렇기 때문에, 개선된 행동과 종교적 행위는 도움이 되지 않을 것이다. 우리는 더 나은 성과가 아니라 새 마음이 필요하다.

죄에 대한 루터의 의식은 깊어졌지만, 하나님의 은혜에 대한 그의 이해는 오랫동안 그렇지 못했다. 오랜 세월 동안 루터는 하나님이 그저 재판관일 뿐이며 사랑이라곤 없는 분, 하나님의 의는 그저 죄인들을 벌하는 것이고, 그분의 '복음'은 그저 심판의 약속이라고밖에 보지 못했다. 이 하나님 앞에서 그는 계속 위축될 수밖에 없었다. 루터는 이렇게 썼다. "나는 책망할 것이 없는 수사로 살았지만,

> 나의 극도로 불안한 양심으로는 내가 하나님 앞에서 죄인이라고 느꼈다. 나는 내 속죄로 하나님이 마음을 가라앉히셨다고 믿을 수 없었다. 죄인들을 벌하시는 의로우신 하나님을 나는 사랑하지 않았다. 아니, 미워했다. 그리고 신성모독이 아닌 한, 은밀하게 그러나 분명 엄청나게 투덜거리면서 하나님께 화를 냈으며, "정말이지, 원죄로 영원히 버림받은 비참한 죄인들이 십계명 율법으로 온갖 불행에 짓밟히는 것으로는 충분하지 않다는 듯 복음으

로 하나님이 고통에 고통을 더하게 하고, 또한 복음으로 우리를 하나님의 의와 진노로 위협하고 있잖아"라고 말했다. 그래서 나는 격렬하고 염려하는 양심으로 분노했다."[3]

이 모든 고뇌로 인해 루터는 수도원 탑에 있는 독방에서 성경 연구에 더욱더 매진하지 않을 수 없었다. 특히, 루터는 바울이 로마서 1:17에서 말하는 "하나님의 의"라는 문구가 무슨 의미인지 알고 싶어 했다.

마침내, 하나님의 자비로, 밤낮으로 묵상하면서, 나는 "복음에는 하나님의 의가 나타나서…기록된바 '오직 의인은 믿음으로 말미암아 살리라'(He who through faith is righteous shall live) 함과 같으니라"는 말씀의 문맥에 주의를 기울였다. 거기에서 나는 하나님의 의란 의인이 하나님의 선물에 의해, 즉 믿음에 의해 사는 것임을 이해하기 시작했다. 그리고 그 의미는 이렇다. 하나님의 의가 복음에 의해 드러났다. 즉 자비로운 하나님이 믿음에 의해 우

---

[3] Martin Luther, *Luther's Works, Vol. 34: Career of the Reformer IV*, ed. Jaroslav Jan Pelikan, Hilton C. Oswald, and Helmut T. Lehmann (Philadelphia: Fortress Press, 1999), pp. 336-337.

리를 의롭다 하시는 수동적 의가 드러났다. '오직 의인은 믿음으로 말미암아 살리라'고 기록된바와 같다. 여기에서 나는 내가 완전히 거듭났으며 열린 문을 통해 낙원에 들어갔다고 느꼈다.[4]

이와 함께, 루터는 전적으로 다른 하나님을 발견했으며 그 하나님이 우리와 관계를 맺으시는 전적으로 다른 방식을 발견했다. 하나님의 의, 하나님의 영광, 하나님의 지혜. 이것들은 하나님이 우리를 반대하시는 방식들이 아니다. 이러한 것들은 하나님이 가지고 계시면서 우리와 나누시는 것이다. 여기에서 루터는 처음으로, 친절하고 관대하신 하나님이 죄인들에게 그분 자신의 의를 선물로 주신다는 참으로 복된 소식을 보았다. 그렇다면 그리스도인의 삶이란 죄인이 자신의 하찮은 인간적 의를 성취하려고 분투하는 것이 될 수 없었다. 그것은 하나님 자신의 온전한 신적 의를 받아들이는 것이었다. 여기에 이제 우리의 선함이 아니라 우리의 신뢰를 원하시는 하나님이 계셨다. 죄 사함은 죄인이 얼마나 확실하게 진정으로 뉘우쳤는지에 좌우되는 것이 아니었다. 죄 사함은 단지

---

[4] Martin Luther, *Luther's Works, Vol. 34: Career of the Reformer IV*, ed. Jaroslav Jan Pelikan, Hilton C. Oswald, and Helmut T. Lehmann (Philadelphia: Fortress Press, 1999), p. 337.

하나님의 약속을 받아들임으로써 이루어진다. 그래서 죄인의 소망은 그 자신 안에서가 아니라 그 자신의 밖에서, 하나님의 약속의 말씀에서 발견된다. 그 모든 분투와 모든 염려는 엄청나게 큰 확신과 단순한 믿음으로 대체될 수 있었다.

루터는 『그리스도인의 자유』(*The Freedom of a Christian*, 1520)라는 소책자에서 자신이 발견한 바를 세상에 설명하면서 아름답고 뜻깊은 예를 사용했다. 루터는 복음이 마치 (죄인을 나타내는) 창녀와 결혼한 (예수님을 나타내는) 왕의 이야기와도 같다고 설명했다. 그 창녀의 어떤 행위로도 왕의 신부가 될 권리를 얻을 수 없을 것이다. 하지만 왕이 혼인서약을 마쳤을 때, 창녀는 왕비의 지위를 얻었다. 그 여인이 행동거지를 왕비답게 고쳐서 스스로 왕비가 된 것이 아니었다. 실상, 그 여인은 왕족답게 행동하는 법을 알지 못했다. 하지만 왕은 그 창녀를 데려와 자신의 아내로 삼으면서, 그 여인의 지위를 바꾸어 주었다. 그래서 그 여인은 내심으로는 여전히 가련한 옛 자신이면서, 동시에 지위로는 왕비임을 알았다.

마찬가지로, 죄인은 복음에 나와 있는 그리스도의 약속을 받아들일 때, (1) 내심으로는 죄인이면서 동시에 (2) 지위로는 의인이 된다. 그리스도인은 의로우면서 동시에 죄인이며(*simul justus et peccator*) 언제나 그럴 것이다(*semper justus et peccator*). 왜냐하면 하나님의 은혜로 그리스도인들은 그들 자신의 것이 아니지만 그들의 것으로 여겨지는 의를 가지고 있기 때문이다. 그것은 그리스도의 의다. 루터가 말하듯이, 우리가 가진 의는 이질적이고(외적이며, 우리 자신의 것이 아니고) 또한 수동적인(노력하지 않고 얻은) 의다. 일어난 일은 '즐거운 교환'으로, 그것은 신자가 가진 모든 것(신자의 죄)을 그리스도께 드리고, 그리스도가 가진 모든 것(그분의 의, 복됨, 생명, 영광)을 신자에게 주는 것이다.

신자의 죄는 그를 파괴할 수 없다. 그 죄들은 그리스도에게 놓이며 그리스도가 삼켜 버리시기 때문이다. 그리고 신자는 자기 남편인 그리스도 안에 있는 의를 가진다. 신자는 그 의를 자신의 것으로 자랑할 수 있으며, 사망과 지옥에 직면할 때 자신의 죄와 함께 그 의를 확신 있게 보여 주면서 이렇게 말할 수 있다. "내가 죄를 지었다 해도 내가 믿는 분인 나의 그리스도는 죄를 짓지 않으셨다. 그리고 그분의 것은 모두 내 것이고 내 것은 모두 그분의 것이다." 아가서[2:16]에 나온 신부가 말하는 것처럼, "내 사랑하는 자는 내게 속하였고 나는 그에게 속하였도다."[5]

---

[5] Martin Luther, *Luther's Works, Vol. 31: Career of the Reformer I*, ed. Jaroslav Jan Pelikan, Hilton C. Oswald, and Helmut T. Lehmann (Philadelphia: Fortress Press, 1999), p. 352.

"내가 여기 있나이다"

루터는 곧 보름스에서 제국의회에 소환되었다. 거기에 참석한 사람들 대부분은 루터가 이단으로 화형당할 것이라고 생각했다. 루터가 도착했지만, 처음에는 모든 통치자들 및 귀족들이 보는 앞에서 심문을 받으면서 너무나 겁을 먹어 거의 말을 하지 못했다. 로마 교황 대사는 루터가 쓴 모든 것을 그가 했다고 보기엔 그가 너무 어리석다고 생각했으며, 종교개혁 소책자들의 진짜 배후가 누구인지 알고 싶어 했다. 그의 주장을 철회하라는 명령이 있은 후에, 루터는 다음과 같은 최종 대답을 했다.

> 나는 내가 인용한 성경에 묶여 있으며 내 양심은 하나님의 말씀에 사로잡혀 있습니다. 나는 어떤 것도 취소할 수 없고 취소하지도 않을 것입니다. 양심에 거스르는 것은 안전하지도 옳지도 않기 때문입니다. 나는 다르게 행동할 수 없습니다. 내가 여기 있나이다. 하나님이 나를 도우시기를. 아멘.[6]

---

6 Martin Luther, *Luther's Works, Vol. 32: Career of the Reformer II*, ed. Jaroslav Jan Pelikan, Hilton C. Oswald, and Helmut T. Lehmann (Philadelphia: Fortress Press, 1999), pp. 112-113.

황제가 루터를 '완고하고 종파분리적이고 명백한 이교도'라고 선언하는 데는 오랜 시간이 걸리지 않았다. 어느 누구도 루터를 숨겨 주어서는 안 되고 어느 누구도 그의 글을 읽어서는 안 되었다. 그런 사람들은 가장 무서운 벌의 고통을 받을 것이다. 하지만 루터는 보름스에서 판결이 내려지기를 마냥 기다리고만 있지 않았다. 그는 이미 비텐베르크로 향하는 마차에 올라탔다.

그런데 그가 그냥 사라져 버렸다. 마차를 타고 가던 루터가 말을 타고 무장한 사람들에게 납치되었다는 것은 분명했다. 분명하지 않은 것은 그다음에 그에게 일어난 일이다. 대부분 사람들은 루터가 붙잡혀서 그 자리에서 조용히 처형당했다고 생각했다. 사실 납치자들은 현자 프리드리히가 고용한 사람들이었다. 프리드리히는 무법자에게 은신처를 제공하는 것으로 보일 위험을 초래하지 않으면서 루터를 안전하게 보호할 계획을 궁리해 냈다. 야음을 틈타, 루터는 은밀하게 바르트부르크성으로 호위되어 갔다. 그곳은 작센 선제후령에 있는 프리드리히의 본거지였다.

그다음 열 달간 이 성은 루터의 은신처가 되었다. 루터는 머리카락과 수염을 기르고, 사람들에게 자신을 '게오르크 경'(Sir George)이라고 소개했다. 하지만 가장 놀라운 것은 루터가 그곳에 숨어 지내면서 11주도 안 되는 기간에 헬라어 신약성경을 독일어로 번역해 냈다는 점이다. 놀랍게도, 그 짧은 기간 동안 루터는 번역의 걸작을 만들어 냈다. 그 언어는 매우 힘찼고 매우 다채로웠으며 실생활에서 쓰이는 말이어서, 그의 성경은 사람들이 독일어를 쓰는 방식 자체를 변화시켰다. 루터는 현대 독일어의 아버지가 되고 있었다. 더 중요한 것으로, 이 독일어 성경이 1522년 9월에 출판됨으로써 사람들이 "깨끗하고 순수한 하나님의 말씀을 직접 손에 쥐고 맛보고 꼭 붙들었으면" 하는 루터의 꿈이 실현됐다.

하지만 거기서 행복한 시간을 보낸 것은 아니었다. 루터는 은신처에 갇혀서 의심이라는 병과 싸웠다. 하지만 그가 싸운 방식은 매우 뜻깊다. 종종 루터는 그의 벽이나 가구 한쪽에, 사실상 뭐든 손에 잡히는 것에 적절한 성경 구절을 쓰곤 했다. 여기서 요점은 루터가 자신 안에 있는 것이 죄와 의심뿐임을 알고 있었다는 점이다. 그의 모든 소망은 그 자신 바깥에, 하나님의 말씀 안에 있었다. 하나님 앞에 있는 그의 안전은 그가 어떻게 느끼는지 혹은 어떻게 행하는지에 영향을 받지 않았다. 그래서 루터는 의심에 직면할 때, 자신 안에서 조금의 위안도 찾으려 하지 않았다. 대신 그의 눈앞에 이 변치 않는 외적인 말씀을 두곤 했다.

그다음부터 1546년에 사망할 때까지 사반세기 동안 루터는 비텐부르크에서 설교와 교리문답, 책, 찬송가, 담화 등으로 교회의 개혁을 촉진하면서 살았다. 그가 쓴 찬송가 중 가장 잘 알려진 것은 종교개혁의 전투 찬송인 "내 주는 강한 성이요"(A Mighty Fortress is our God)일 것이다. 이 찬송가의 가사는 루터의 사상을 수많은 사람들에게 친숙하게 만들었다.

> 냉혹한 어둠의 왕 우리는 떨지 않네
> 그 광포 견디리 꼭 멸망하리니
> 한 말씀 그에게 임하리.[7]

루터는 삶이 끝나는 순간까지 혈기 왕성하고 억센 성격을 지니고 있었다. 어떤 이들은 그런 성격을 좋아했지만, 또 어떤 이들은 그가 적어도 좀 덜 무례하고 더 다듬어지기를 바랐다. 분명 루터는 아무 흠 없는 이상적인 성직자는 아니었다. 하지만 아마도 그런 직설적이고 솔직한 사람이야말로 기독교계 전체에 도전을 가하고 그것을 돌려 세우는 불가능해 보이는 과업에 필요한 사람이었을 것이다. 루터는 세상에 대한 충격 요법이었다. 그리고 어쩐지 그의 성품은 그가 드러낸 복음에 적합해 보였다. 제자가 되려는 사람들에게 루터는 도덕적 자기 개선에 대한 의지를 고취시키지 않았다. 그 대신 그의

---

7 3절 후반부로 우리말 찬송가에는 번역되지 않았다—옮긴이.

분명한 인성은 죄인에게 하나님의 은혜가 절대적으로 필요하다는 것을 입증했다.

에라스무스, 위클리프, 틴들

루터의 이야기에서 빠질 수 없는 것은 위대한 인문주의 학자인 에라스무스의 저술이다. 1516년에 에라스무스는 중대한 새 헬라어판 신약성경을 출판했다. 그 이전에 대부분 사람들은 교회가 사용하는 공식 라틴어 불가타역만 알고 있었다. 에라스무스는 헬라어 원문을 직접 연구하는 것을 가능하게 해 주었다. 그리고 루터 같은 사람들은 그 안에서 라틴어 성경에서는 결코 분명하지 않았던 메시지를 찾아냈다.

하지만 루터만 그런 것이 아니었다. 이내 브리튼에서도 학자들이 헬라어 성경을 읽고 변화되고 있었다. 한 세기 반 전에 존 위클리프라는 한 옥스퍼드 학자가 라틴어 불가타 성경을 영어로 번역했고 그의 추종자들은 여전히 열심히 그들의 성경을 읽고 설교하고 있었지만, 에라스무스판을 읽은 사람들이 발견한 것은 뭔가 달랐다. 그리고 그것을 읽을 수 없는 사람들조차, 그들 나라에 쏟아져 들어오기 시작한 루터 번역판 사본들을 대하게 되었다. 케임브리지에서는 한 무리의 교수들이 '백마여관'(White Horse Inn)에 모였다고 알려졌다. 그곳에서 루터에 관한 이야기들이 오가면서 마치 비텐베르크와 흡사해 보였기 때문에 그곳은 곧 '작은 독일'이라는 별명을 지니게 되었다.

그런 학자 중 하나가 명석한 젊은 언어학자인 윌리엄 틴들이었다. 틴들은 신약성경을 연구하다가 영감을 받아, "평신도는 성경이 그들 눈앞에 그들의 모국어로 펼쳐져 있지 않으면 어떤 진리도 확실히 알 수 없다"[8]고 결론을 내렸다. 그리고 성경을 원래의 헬라어와 히브리어에서 영어로 번역하는 필생의 사역을 시작했다. 그는 독일을 향해 출항해서 보름스로 갔다. 그리고 그곳, 겨우 다섯 해 전에 루터가 황제 앞에서 '내가 여기 있나이다'라는 연설을 했던 그곳에서, 틴들은 영어로 된 신약성경 전체를 발간했다.

존 위클리프의 추종자들은 영어로 번역된 신약성경을 백년 이상 생산하고 읽어 왔지만, 그것은 그냥 손으로 쓴 것이었고 라틴어 불가타 성경을 부자연스럽게 번역한 것일 뿐이었다. 그 번역본은 대량 생산이 불가능했으며, 그러면서도 라틴어 성경의 온갖 신학적 문제들을 담고 있었다(예를 들면, '회개하다' 대신 '고해 성사를 하다'). 하지만 틴들의 신약성경은 수천

---

8 William Tyndale, 'The Preface of Master William Tyndale, That He Made Before the Five Books of Moses, Called Genesis,' in *The Works of William Tyndale* (1848; repr., Edinburgh: Banner of Truth, 2010), p. 394.

권씩 인쇄할 수 있었고 그렇게 인쇄하여 옷감 등의 화물에 넣어 몰래 들여올 수 있었다. 곧이어 그의 『악한 맘몬의 비유』(*Parable of the Wicked Mammon*)가 같이 나왔다. 그것은 오직 믿음으로만 의롭게 됨을 찬성하는 논증이었다. 더욱더 중요한 것으로, 틴들의 신약성경은 주옥같은 번역이었다. 정확하고 아름답게 쓰였으며, 술술 잘 읽혔다.

결국 분노한 교회가 틴들을 찾아냈다. 하지만 이미 그가 구약성경의 상당 부분을 번역해 내고 그의 성경이 1만 6천 부가량 잉글랜드로 밀반입된 후였다. 인구가 기껏해야 250만 명 정도였고 그중 대부분이 문맹이었다는 사실에 비추어 볼 때, 이는 믿을 수 없는 성과였다. 1535년에 틴들이 붙잡혔다. 그리고 그다음 해 10월에 브뤼셀 인근에서 공식적으로 줄에 묶여 화형에 처해졌다. 그가 남긴 불후의 마지막 말은 "주여, 잉글랜드 왕의 눈을 열어 주소서!"였다.

그 '잉글랜드 왕'은 헨리 8세였다. 루터가 헨리 8세의 결혼 무효화에 반대했을 때, 이 종교개혁가에 대한 그의 혐오는 수년간 깊어져만 가고 있었다. 실제로 교황은 헨리 8세가 루터를 반대한다는 이유로 그에게 '믿음의 수호자'라는 칭호를 수여했었다. 헨리 8세는 결코 종교개혁에 대한 밝은 희망처럼 보이지 않았다. 그런데도 틴들이 그 기도를 드리면서 죽은 지 단 2년 만에, 그 나라의 모든 교회에 영어 성경을 두라는 포고가 내려졌다. 1538년, 그 왕은 "어떤 사람이든 성경을 읽거나 듣는 것을 막지 말고, 모든 사람이 하나님의 대단히 생생한 말씀인 성경을 똑같이 읽도록 이끌고, 자극하고, 권고하도록 하라"고 명령했다.[9]

세인트 폴 대성당(St. Paul's Cathedral)에는 여섯 개의 영어 성경이 놓였고, 사람들은 큰 소리로 성경을 읽어 줄 수 있는 사람 주위에 즉각 모여들었다. 사람들이 너무 흥분했기 때문에 사제들은 심지어 설교 중에도 평신도들이 서로에게 성경을 큰 소리로 읽어 준다고 불평했다. 개인적 성경 읽기는 평범한 사람들의 삶에서 훨씬 더 널리 퍼져 나갔다. 심지어 문맹인 사람들이 '하나님의 대단히 생생한 말씀'을 직접 접하기 위해 글 읽는 법을 배우기까지 했다.

순교자들의 불 시험

하나님의 말씀으로 교회가 개혁되는 길은 결코 순탄하지 않았으며, 결코 순탄할 수도 없었다. 루터가 죽은 지 1년도 안 되어 잉글랜드 왕 헨리 8세가 1547년에 죽었을 때, 종교개혁자들은 소망에 가득 차 있었다. 헨리 8세의 아들이자 후계자

---

9 헨리 8세(Henry VIII)의 두 번째 칙령, 3항.

로서 복음주의자인 새로운 왕 에드워드 6세 때문이었다. 그들의 소망은 헛되지 않았다. 에드워드는 상당 기간 잉글랜드의 종교개혁을 주도했다. 교회 예배는 그 내용 면에서 복음적이 되었고, 설교는 영어로 하라는 명령이 내려졌으며, 눈에 띄는 여러 개혁파 설교자들이 어디서나 사람들의 입에 오르내리기 시작했다. 하지만 6년 만에 이 모든 것이 끝나 버렸다. 에드워드 6세가 죽고, 골수 가톨릭인 그의 이복자매 메리가 그의 뒤를 이었는데, 메리는 그가 이룬 모든 것을 무효화했다. (에드워드는 개신교도인 그의 사촌 레이디 제인 그레이가 후계자가 되기를 바랐으나, 그녀는 겨우 9일 후에 메리에 의해 폐위되었다).

메리는 할 수 있는 한 신속하게, 잉글랜드를 로마가톨릭으로 되돌렸다. 복음주의자 주교들은 직위에서 쫓겨났고, 성경은 교회에서 제거되었으며, 로마가톨릭 예배가 부활했다. 많은 복음주의자들이 해외에서 도피처를 찾았으며, 또 다른 사람들은 남아서 은밀히 활동하기로 했다. 그들은 '불온서적'을 나눠 주고 (종종 상당히 큰) 지하 집회에서 만났다. 그대로 머물며 은신하지 않은 사람들은 투옥되고 화형을 당했다. 에드워드 시대의 관용과는 극명히 대조적으로, 메리의 통치 기간에 신앙 때문에 화형을 당한 복음주의자는 총 300명가량이며, 이는 16세기 감옥의 끔찍한 환경으로 인해 죽은 많은 사람들은 포함하지 않은 수다.

메리의 가장 유명한 희생자 중에는 캔터베리 대주교를 지낸 토머스 크랜머, 유명한 설교자이자 우스터(Worcester) 주교 휴 라티머, 런던 주교 니컬러스 리들리 등이 있다. 리들리와 라티머는 1555년 10월에 옥스퍼드 브로드 스트리트 끝에서 등을 서로 맞대고 함께 화형을 당했다.[10] 80세가량이었던 라티머는 불꽃 사이로 "편안한 안식을 누리시길, 리들리 주교님. 그리고 당당하시길. 오늘 우리는 하나님의 은혜로, 잉글랜드에서 촛불처럼 빛날 것입니다. 그리고 그 불이 결코 꺼지지 않을 것이라 믿습니다"라고 외치며 먼저 죽음을 맞았다. 불행히도 리들리는 주위에 땔나무가 제대로 놓이지 않아서 끔찍한 고통을 당했다. 그의 다리가 다 타서 없어졌는데도 몸의 나머지 부분에는 불길이 닿지 않았기 때문이다. 그 끔찍한 광경은 수많은 사람들이 눈물을 흘리게 만들었다.

다섯 달 후 1556년 3월에 토머스 크랜머가 같은 장소에서 화형을 당했다. 옛 대주교이자 잉글랜드 종교개혁의 대부분을 설계한, 이제 칠십에 가까운 크랜머는 극심한 강압 속에서 자신의 개신교 신앙을 부인했다. 그것은 메리의 통치의 승리였다. 하지만 신앙을 철회했음에도 불구하고 크랜머는 너무나 분명한 종교개혁의 화신이었기 때문에 어쨌든 화

---

10 바닥에 자갈을 박아 만든 십자가가 지금도 그 장소를 표시하고 있다.

형에 처하기로 결정되었다. 그것은 메리의 승리를 단순히 무효화하는 것 이상이 될 결정이었다. 형 집행일이 되자 크랜머가 자신의 신앙 철회서를 소리 내어 읽기를 거부했기 때문이다. 대신 그는 자신이 신념을 저버린 겁 많은 개신교도이긴 하지만, 실제로 개신교도라고 담대히 진술했다. 그리고 크랜머는 "내 손이 내 마음과 반대되는 글을 씀으로써 범죄한 만큼, 그 값으로 내 손이 제일 먼저 벌을 받을 것"이라고 선언했다. 그는 자신의 말에 충실했다. 화형대에 불이 붙자, 크랜머는 신앙 철회서에 서명했던 손을 내밀어 먼저 타게 했다. 잠깐 개신교 신앙을 부인했지만, 크랜머는 이처럼 감동적이고 감연한 용기를 보여 주며 화형을 당했다. 최초의 개신교 캔터베리 대주교는 그렇게 죽었다.

장 칼뱅, 세상을 개혁하다

루터가 자신의 입장을 밝히기 몇 년 전인 1509년에, 종교개혁의 두 번째로 중요한 지도자인 장 칼뱅이 프랑스 북부에서 태어났다. 젊은 학생 시절, 칼뱅은 교회 개혁에 대한 모종의 사상에 종종 동조하는 학자들 무리와 어울렸다. 더욱이 헬라어도 배우기 시작했다. 헬라어는 1520년대까지 종교개혁의 언어로서 신랄한 평판을 지니고 있었다. 아마 칼뱅은 루터의 글을 일부 읽었을 것이다. 어쨌든 그는 이 무렵 "하나님이 돌연한 회심으로 내 마음을 압도하시고 가르침을 잘 받아들이는 상태로 이끌어 주셨다"고 썼다.

그러는 사이에 프랑스는 종교개혁자들에게 점점 더 위험한 곳이 되어 갔다. 칼뱅의 이름은 블랙리스트에 올랐으며 그는 곧 도망 다니는 신세가 되었다. 칼뱅은 제네바를 통해 스트라스부르(Strasbourg)로 가기로 결정했다. 그곳은 최근에 종교개혁과 동맹을 맺은 곳이었다. 칼뱅은 제네바에 머물 의도가 없었지만 종교개혁에 불을 붙인 열정적인 기욤 파렐(Guillaume Farel)이 그를 불러 세웠다. 파렐은 하나님께 칼뱅이 제네바에 머물면서 그곳의 긴급한 종교개혁 사역을 도와주지 않는다면 그에게 저주를 내려 달라고 간구했다. 그 젊은 학자는 겁에 질려서 남겠다고 동의했다.

그것은 중대한 만남이었다. 칼뱅은 그의 남은 평생을(잠깐의 망명 생활을 제외하고) 제네바에 헌신해서 그곳을 복음주의의 세계적 중심지로 바꾸어 놓았기 때문이다. 한 가지 중요한 초기 조치는 제네바 교회의 포괄적 개혁을 위한 제안 목록을 시의회에 제출한 것이다. 대부분이 받아들여졌다. 칼뱅은 무엇보다도 모든 가정이 매년 한 번씩 목회자의 심방을 받을 것, 그리고 복음주의 신앙을 설명하는 새로운 교리문답을 학습할 것을 제안했다. 그 제안들은 종교개혁이 그저 로

마와의 결별을 의미하는 것이 아님을 분명히 한다는 점에서 뜻깊다. 그것은 말씀에 의한 지속적 개혁에 헌신한다는 의미였다. 개혁된 교회는 언제나 개혁되어야 한다.

유럽 전역에서, 그리고 특히 핍박받는 지역들에서 복음주의자들이 제네바로 떼 지어 몰려들었다. 그들은 따뜻한 환영을 받았지만, 칼뱅은 제네바가 피난처가 되기보다 복음 확산의 모판이 되기를 원했다. 그래서 1555년에 칼뱅은 그의 본국 프랑스의 복음화를 위한 극비 프로그램을 수립했다. 그는 이미 프랑스 개신교의 망명 중인 지도자로 확고하게 자리 잡아서, 프랑스의 많은 지하 교회들과 정기적으로 접촉하고 있었다. 하지만 이제 안전가옥 및 은신처들과 함께, 비밀 연락망이 만들어졌다. 그래서 복음 사역자들이 국경을 넘어 프랑스로 잠입해서 새로운 교회를 (때로는 문자 그대로 지하에) 설립할 수 있었다. 이들에게 자료를 공급하기 위한 비밀 인쇄기를 파리와 리용에 설치했는데, 그것은 대성공이었다. 이내 문서에 대한 수요가 인쇄기로 공급할 수 있는 양을 훨씬 앞질렀으며, 수요에 대처하기 위해 인쇄가 제네바의 유력 산업이 되었다.

프랑스 전 인구의 10퍼센트 이상이 개혁주의 신앙을 갖게 되었으며, 2백만 명 이상이 새로 세워진 수백 곳의 교회들에 모여들었다. 이른바 '칼뱅주의'는 특히 귀족 계급 사이에서 퍼져 나가, 대략 3분의 1이 회심한 듯했고, 그로 인해 개혁주의 신앙은 실제 규모에 비해 훨씬 더 큰 정치적 영향력을 지녔다. 칼뱅은 1559년에 프랑스 교회를 위한 신앙고백을 썼으며, 자신이 할 수 있는 모든 방법을 동원해서 그들을 지원했다. 프랑스 복음주의는 성장세에도 불구하고 격려가 절실히 필요했다. 예를 들어, 한 교회가 파리에서 습격을 받았을 때, 신자 백 명 이상이 잡혀가고 일곱 명이 화형을 당했기 때문이다. 칼뱅은 그들을 강하게 하기 위해 자유로운 위치에서 글을 썼지만, 절대 상아탑에 있는 것처럼 말하지 않았다. 칼뱅의 편지들은 곳곳에서 그가 곧 흘려야 하리라고 확신한 피에 대한 언급들로 낭자했다. 제네바에서 그는 임박한 순교의 위협을 느끼고 있었다.

칼뱅은 매우 의도적으로, 제네바를 복음 확산의 국제적 중심지로 바꾸기 위해 자신이 할 수 있는 모든 일을 다 하고 있었다. 그는 스코틀랜드부터 이탈리아까지 개신교 통치자들에게 조언을 했다. 칼뱅은 제네바에 온 피난민들을 훈련시켰으며, 그런 다음 그들의 고국으로 돌려보냈다. 폴란드, 헝가리, 네덜란드, 이탈리아, 심지어 남미까지 선교사들을 파송했다. 이 모든 것의 진짜 수뇌부는 칼뱅이 1559년 그 도시에 설립한 대학과 아카데미였다. 그곳에서는 일반 교육으로 시작해서 신학 및 성경 책들에 대한 상세한 연구로 옮겨 가면서

목사들을 구비시켰으며, 목사들은 온전히 무장되고 훈련을 받은 후에 급파될 수 있었다.

가르치는 것과 설교하는 것은 루터에게 그랬듯이 칼뱅에게도 종교개혁의 핵심이었다. 칼뱅은 그의 시간 대부분을 이 일에 바쳤다. 일주일에 세 번 강의하고, 일요일마다 두 번씩 설교하고, 격주로 주중에도 매일 설교했다. 출판은 매우 중요한 과제가 되었고, 칼뱅은 자신의 강의들을 합쳐서 성경의 거의 모든 책에 대한 주석을 만들었다. 다른 지역에 있는 설교자들을 돕기 위해서였다. 이 주석들은 유럽 사람들이 전에 알던 것과는 매우 달랐다. 그 주석의 목표는 '결코 모호하지 않은, 쉽고 간결한' 책이었다. 그의 '돌연한 회심'의 결과, 칼뱅은 하나님이 오직 그분의 말씀을 통해서만 생명과 새로운 생명을 낳으신다고 확신하게 되었다. 이것을 선포하는 것이 그의 필생의 사역의 정수였다.

종교개혁의 핵심은 무엇이었나

루터가 로마서 1장을 통해 하나님의 의가 전적으로 공로 없이 주어지는 선물이라는 것을 이해한 순간부터, 그는 이것을 세상에서 가장 중요한 진리로 보았다. 칭의는 종교 개혁의 핵심이자 본질적인 문제였다.

루터와 칼뱅 같은 종교개혁자들이 말하는 '칭의'는 오직 하나님의 은혜(*sola gratia*)로 말미암아 그리스도의 의가 신자에게 전가된다는 신적 선언을 의미했다. 이 칭의는 그렇기 때문에 오직 그리스도에 대한 오직 믿음(*sola fide*)을 통해서만 온다. 이는 구원의 모든 영광이 우리가 아닌 오직 하나님께만 돌아간다는 의미다. 루터는 이렇게 썼다. "이 신조에서 포기하거나 타협할 수 있는 것은 없다. 비록 하늘과 땅과 일시적인 것들이 파괴될지라도." 이것이 "교회의 운명을 좌우하는" 믿음이라고 루터는 말했다.

모든 사람이 루터처럼 이 진리를 파악한 것은 아니다. 하지만 로마서 1장에 대한 루터의 경험은 종교개혁의 중심 요소가 될 것이었다. 그리고 칭의라는 이 본질적 문제가 발견된 것은 성경을 통해서였다. 종교개혁을 종교개혁으로 만든 것은 바로 칭의였다. 그리고 하나님이 값없이 죄인들을 의롭다고 선언하신다는 사실을 받아들인 사람들에게 그것은 위로와 기쁨의 교리였다. 윌리엄 틴들이 말했듯이, "유앙겔리온(우리가 복음이라고 부르는 것)은 헬라어 단어로서, 선하고 유쾌하고 기쁘고 즐거운 소식들, 사람의 마음을 기쁘게 하고 그를 노래하고 춤추고 기뻐 뛰게 하는 소식을 의미한다."[11] 루터 역

---

11 'A Pathway into Holy Scripture', in *The Works of William Tyndale* (Edinburgh & Carlisle, PA: Banner of Truth, 2010), 1:8.

시 그것에 의해 그가 "완전히 거듭났으며 열린 문을 통해 낙원에 들어갔다"고 생각했다. 그리고 그럴 만한 것이, 실패하는 죄인인 그가 그리스도의 완전한 의로 옷 입었기 때문에 하나님께 온전히 사랑받았다는 사실이 루터에게 눈부신 확신을 주었기 때문이다. 루터가 한 친구에게 충고했듯이,

> 마귀가 우리의 죄를 우리에게 내던지면서 우리가 죽음과 지옥을 받아 마땅하다고 선언할 때, 우리는 이렇게 말해야 하네. "내가 죽음과 지옥을 받아 마땅하다는 것은 인정한다. 그것이 뭐 어떻단 말인가? 그것이 내가 영원한 천벌을 선고받아야 한다는 의미인가? 절대 그렇지 않다. 나는 나 대신 고난받고 속죄를 이루신 분을 알기 때문이다. 그분의 이름은 예수 그리스도, 하나님의 아들이시다. 그분이 계신 곳에 나도 있을 것이다."[12]

이 메시지의 의미가 오랜 세월에 걸쳐 감소된 것은 절대 아니다. 오늘날에는 스스로를 더 매력적으로 만들 때 더 사랑받을 것이라는 메시지가 난무한다. 그것이 하나님과 관련된 것

---

[12] 'To Jerome Weller, July 1530', in *Luther: Letters of Spiritual Counsel*, Library of Christian Classics, T G Tappett, ed. (Vancouver: Regent College, 2003), pp. 86-87.

은 아닐지 모르지만, 그래도 여전히 그것은 공로의 종교이며, 마음에 깊이 박혀 있는 것이다. 이에 대해 종교개혁은 눈이 번쩍 뜨일 좋은 소식을 가지고 있다. 루터가 말하듯이, "죄인들은 사랑받기 때문에 매력적이다. 그들이 매력적이기 때문에 사랑받는 것이 아니다."[13]

오직 믿음으로만 의롭게 되는 것이 종교개혁의 본질적 내용이라면, 성경의 최고 권위를 인정하는 것은 종교개혁의 수단이었다. 실질적인 개혁을 이루기 위해서는 성경이 믿음에 대한 유일하게 확실한 토대(*sola Scriptura*)라는 루터의 태도가 필요했다. 성경은 최고의 권위로 인정되어야 했으며, 다른 모든 주장들을 반박하고 비판하는 것이 허용되었다. 그렇지 않으면 성경 자체가 비판을 당할 것이다. 다시 말해, 성경에 대한 단순한 경외와 성경이 어느 정도 권위를 갖는다는 인정만으로는 종교개혁을 일으키기에 절대 충분하지 않았을 것이다. '오직 성경'(*Sola Scriptura*)은 건강하고 심대한 변화에 없어서는 안 될 열쇠였다.

---

[13] Martin Luther, *Luther's Works, Vol. 31: Career of the Reformer I*, ed. Jaroslav Jan Pelikan, Hilton C. Oswald, and Helmut T. Lehmann (Philadelphia: Fortress Press, 1999), p. 57.

종교개혁이 여전히 중요한가

종교개혁이 그저 순전히 역사적인 문제에 대한 부정적 반응에 불과했다면, 오늘날 복음주의자들에게 그다지 중요하지 않을 것이다. 하지만 더 자세히 들여다볼수록 더 분명해지는 것이 있다. 종교개혁은 무엇보다도, 로마로부터 멀어지는 부정적 움직임이 아니라, 복음을 향해 나아가는 긍정적 움직임이었다는 것이다. 그리고 복음을 향해 나아간다는 것은 당시 오랜 세월 동안 인간적 전통 아래 묻혀 있던 원래의 성경적이고 사도적인 기독교를 발굴해 내는 것을 의미했다. 이것이 오늘날에도 종교개혁이 계속 타당한 이유다. 교회는 언제나 개혁해야 하고 꾸준히 복음으로 더 가까이 나아가야 하기 때문이다. 이것은 우리가 종종 듣는 두 단어로 요약된다. '*semper reformanda*.' 하지만 문맥이 중요하다. 전체 라틴어 문구는 *Ecclesia reformata et semper reformanda secundum verbum Dei* (하나님의 말씀에 따라 개혁되었고 언제나 개혁하는 교회)이기 때문이다. 종교개혁은 끝날 수가 없다. 그것은, 겸손과 결단을 모두 견지하면서, 복음주의의 기치가 되어야 한다.

복음주의자들에게는, 이것이 우리의 이야기다. 그것은 하나님의 말씀 안에서 발견되는 하나님의 은혜의 진리에 대한 용감하고 웅변적인 증거다. 그리고 이것은 우리의 이야기인 만큼, 또한 우리의 표준이 되어야 한다. 하나님이 우리에게 종교개혁자들의 신실한 용기를 주사, 그분 교회의 지속적 개혁과 성장을 위해 우리가 복음 안에서 연합하여 함께 일하게 하시기를!

제2부

복음적 신앙과 우리의 역할

존 스토트

- 존 스토트(John Stott)는 로잔 언약의 주요 기안자로, 로잔 운동(Lausanne Movement) 명예 부총재를 지냈다. 그는 50권 이상의 책을 썼으며, 다수세계(Majority World)의 교회를 강화시키기 위해 일하는 랭엄 파트너십 인터내셔널(Langham Partnership International)의 설립자다.

I. 복음적 신앙이란 무엇인가

우선, 복음적 신앙이란 무엇인가? 지나치게 단순화할 위험은 있지만 복음적 신앙, 다시 말해 복음주의 신앙은 다름 아닌 역사적 기독교 신앙, 곧 원래의, 성경적이고, 사도적인 기독교(original, biblical, apostolic Christianity)라고 주장하고자 한다. 복음주의 그리스도인은 하나님의 은혜로, 하나님이 그리스도 안에서와 성경 안에서 자신에 대해 알려 주신 계시에 충실하기를 추구한다. '복음주의자'라는 말은 고상한 단어로, 길고도 명예로운 역사를 가지고 있다. 우리는 겸손함으로 그리고 감사함으로 그 이름을 지닌다.

물론 우리는 우리가 세상에서 유일한 그리스도인들이 아님을 인정한다. 예수 그리스도를 따른다고 고백하는 수많은 다른 사람들이 있다. 그들은 자신을 '가톨릭' 혹은 '동방정교회' 혹은 '자유주의 개신교'라고 부른다. 그들이 예수 그리스도를 하나님, 주님, 구세주로 고백하는 한, 우리는 분명 그들이 그리스도인의 이름을 갖는 것을 부정하지 않는다. 확실히 우리는 그들이 믿는 모든 것에 동의하지는 않는다. 몇몇 지점에서 우리는 그들과 명확하게 의견이 다르다. 우리는 또한 그리스도께 속해 있다고 주장하는 모든 사람이 실제로는 그렇지 않다는 사실을 기억한다. 명목상의 기독교는 모든 교회의 비극적 현상이기 때문이다.

동시에 우리는 신앙적 원칙과 인격을 구별하는 법을 배워야 한다. 우리는 어떤 사람을 거부하지 않으면서 그 사람의 교리를 거부할 수 있으며, 그렇게 구별하는 법을 배워야 한다. 우리는 우리와 의견이 다른 사람들을 존중하고, 그들을 만나고, 그들을 사랑하고, 그들에게 말하고, 그들의 말에 귀 기울일 필요가 있다. 우리는 우리가 전지하거나 무오하다고 주장하지 않기 때문이다. 우리는 기독교적 구제와 사회 정의에 관한 일에서는 그들과 협력할 수 있다. 고통스러운 딜레마에 빠지는 때는 그들과 함께 전도를 하자고 요청받을 때다. 공동으로 증거를 하려면 공동의 믿음이 수반되어야 하며, 복음(evangel)의 내용에 대한 의견 일치가 있어야 하기 때문이다.

우리 복음주의자들은 분명하고 성경적인 그리스도인이고자 한다. 복음주의 신앙은 역사적 기독교 신앙이라는 우리의 주장이, 때로 오만한 방식으로 제시되기도 했지만, 생각만큼 오만한 것이 아닌 이유는 바로 이 때문이다. 우리가 어떤 식으로든(첨가, 삭제, 조작, 이탈 등) 성경의 메시지를 오해했거나 왜곡했음이 확인된다면, 우리는 그 즉시 변할 준비가 되어 있어야 하고 그러기를 열망해야 한다. 우리의 목표는 겸손히 성경의 계시에 충실한 것이다.

혁신이 아닌 개혁

'복음주의자'라는 용어는 우리가 막대한 감사와 존경으로 회고하는 16세기 종교개혁자들이 통용시킨 것으로, 그들은 복음주의 신앙이 원래의 그리고 진정한 형태의 기독교 신앙이라는 점을 매우 분명히 했다. 당시 로마가톨릭교회 지도자들은 그들이 새로운 신앙을 날조하여 소개한다고 비난했다. 반면 그들은, 옛 신앙을 복원하고 있다고 대답했다.

루터는 "우리는 어떤 새로운 것을 가르치는 것이 아니라, 우리에 앞서 사도들과 모든 경건한 선생들이 가르쳤던 오래된 것을 되풀이하고 확고히 하는 것이다"고 썼다.[14] 휴 라티머는 "너희는 그것이 새로운 지식이라고 말하나, 나는 너희에게 말한다. 그것은 오래된 지식이다"라고 선언했다.[15] 그리고 1560년부터 솔즈베리(Salisbury) 감독을 지낸 존 쥬얼(John Jewel)은 그의 위대하고 유명한 책 『변증론』(*Apology*)에서 이렇게 썼다. "오늘 우리가 당신에게 제시하는 것은 우리의 교

---

14 Commentary on the Apostle Paul's Epistle to the Galatians (Chapter 1:4a).
15 그는 계속해서 다음과 같은 놀라운 말을 했다. "그대는 그것이 옛 이단을 새롭게 만들어 놓은 것이라고 말한다. 그렇지 않다. 나는 그것이 그대들의 병폐로 오랫동안 녹슬었던 옛 진리를 밝고 새롭게 만들어 놓은 것이라고 말한다"(Peter Lake와 Steven Pincus가 저술한 *The Politics of the Public Sphere in Early Modern England* 에서).

리가 아니다. 우리는 그것을 쓰지 않았다. 우리는 그것의 고안자가 아니다. 우리가 당신에게 제시하는 것은 교회의 옛 교부들, 사도들, 우리 구주 그리스도 자신이 우리 앞에 제시한 것일 뿐이다."[16] 그 후 랜슬럿 앤드루스(Lancelot Andrewes)[17]는 17세기 초에 "우리는 혁신가가 아니라 개혁가다"라는 경구를 만들어 냈다.

그렇다면 복음적 신앙을 어떻게 요약해야 할까? 오랜 세월에 걸쳐 많은 신경들, 신앙고백들, 교리문답들이 만들어져 왔다. 역사적 기독교 신앙을 명확하게 말할 수 있는 한 가지 방법은 없기 때문이다. 가장 널리 받아들여질 수 있는 것은 사도신경이다. 사도신경은 성부, 성자, 성령을 믿는 믿음에 관한 단락들로 된 삼위일체적 구조에 담겨 있다. 나는 이것을 개요로 사용할 것을 제안한다. 복음적 그리스도인은 삼위일체적 그리스도인이기 때문이다. 동시에, 나는 그 빈 곳을 채워 보려고 한다. 몇몇 중대한 교리들(속죄 및 구원의 본질 등과 같은)이 그 안에 포함되지 않았기 때문이다.

---

16 *Apology of the Church of England*, 1562.
17 킹 제임스 성경(흠정역이라고도 알려진) 번역을 감독했던 학자이자 치체스터, 엘리, 윈체스터의 주교.

우리의 삼위일체적 신앙

◈ 우리는 성부 하나님을 믿는다

이 믿음을 셋으로 세분해 보겠다.

1. 성부 하나님은 창조의 하나님이시다. 하나님이 창조에 무슨 수단을 사용하셨는지(이 문제는 계속 논쟁해 볼 여지가 있다)와 관계없이, 우리는 모두 하나님이 그분의 뜻과 말씀으로 모든 것을 창조하셨다는 데 동의한다. 하나님의 창조적 목적 및 과정에서의 절정은 인간, 곧 남자와 여자, 하나님의 형상을 지니고 하나님과 함께 땅과 그 피조물을 다스리는 존재다. 그래서 만물은 그 기원과 존속을 하나님께 의존하고 있다. 하나님은 우리의 오감으로 감지할 수 있는 모든 것의 내부와 배후에 있는 최고의 실재(Supreme Reality)이시다. 그분 안에서 우리는 살고 움직이고 존재한다. 우리가 우리의 인간 됨—진정하고 자유로운 인간 존재라는 의미에서—을 발견하는 것은, 오직 우리를 당신의 형상대로 만드신 그분을 알고, 그분을 사랑하고, 그분을 예배하고, 그분을 순종하는 가운데서뿐이다.

2. 창조의 하나님은 언약의 하나님이시다. 모든 인간은 불순종으로 인해 타락했고, 하나님의 의로운 심판 아래 놓인 반역자가 되었지만, 하나님은 그분의 은혜로 그들을 강퍅한 상태에 버려두지 않으셨다. 그와 반대로 하나님은 즉시 그들을 건지시고, 구속하고, 심지어 재창조하겠다고 약속하셨다. 그리하여 우리 주님이시며 구세주이신 예수 그리스도 안에서 절정에 이르는 신적 구원 계획이 시작되었다. 먼저 하나님은 아브라함을 부르셨고 그와 더불어 언약을 맺으셨다. 그러면서 아브라함의 하나님이 되시고 그에게 복을 주실 뿐 아니라, 아브라함을 통해 땅의 모든 족속에게 복을 주시겠다고 약속하셨다.[18] 하나님은 처음에는 이스라엘 자손, 그분의 언약 백성 안에서 그분의 약속을 지키셨다. 그들의 슬프고도 아름다운 이야기는 구약에 기록되어 있다. 그리고 지금은 우리, 곧 예수의 피로 인치심을 받은 새 언약 백성 안에서 그 약속을 지키신다. 그것은 아브라함에게 하신 하나님의 약속의 성취로, 이제 유대인들뿐 아니라 또한 모든 나라의 신자들을 통합시키는 언약이다. 아브라함의 믿음을 공유하는 모든 사람은 아브라함의 복 역시 공유한다.

---

[18] 창세기 12:2, 3.

3. 창조와 언약의 하나님은 또한 계시의 하나님이시다. 하나님은 자신의 피조물을 통해 자신을 계시하신다. "하늘이 하나님의 영광을 선포하고" 또한 "그의 영광이 온 땅에 충만"하다(시 19:1; 사 6:3). 하지만 그분의 언약 백성에게 하나님은 특별 계시를 주셨다. 죄인들을 구원하시려는 그분의 사랑의 계획에 대한 계시다. 별들을 묵상함으로써 그 구원 계획을 알 수는 없다. 별들 가운데서 하나님의 영광을 읽을 수는 있지만, 그 속에서 그리스도를 통한 하나님의 사랑과 구원을 읽을 수는 없다. 특별 계시가 필요했다. 이스라엘을 구속하신 강력한 구원 행위에 의해 주어진, 궁극적으로는 그분이 하신 모든 일 중 가장 강력한 행동인 예수 그리스도의 죽음과 부활에서 주어진 계시다. 이것은 또한 말로도 주어졌다. 구약에서는 선지자들을 통해, 신약에서는 사도들을 통해. 그들은 하나님이 강력한 행동들을 통해 하고 계신 일을 기록하고 설명하라고 부르심 받은 사람들이다. 그것이 지금 '성경'으로 보존되어 있는 계시다.

성경의 측량할 수 없는 복은, 하나님이 예수님 안에서 말씀하시고 행하신 일을 우리가 (날마다 어디서나) 접할 수 있도록 해 준다는 것이다. 성경이 없으면 우리는 예수님에 대해 사실상 아무것도 알지 못할 것이다. 그러므로 그분을 믿기 위해 그분께 나아올 수 없을 것이고, 따라서 구원받지 못할 것이다. 성경을 주신 하나님께 감사하자! 성경의 최우선 목적은 예수님을 우리에게 모셔오고, 우리를 예수님께 데려가는 것이다. 성경은 예수님을 우리 가련한 죄인들에게 필요한 구세주, 우리를 위해 죽으시고 다시 사신 구세주로 권위 있게 증거한다. 성경은 그리스도를 통한 구원의 길, 즉 어떻게 우리가 의롭게 되고, 거룩하게 되고, 영화롭게 될 수 있는지 그 방법을 펼쳐 보인다. 성경은 우리가 예수님께 나아오도록, 그분을 의지하도록, 그분께 순종하도록, 그분 안에서 성숙하게 자라나도록, 이 땅에서 그분을 위해 일하도록, 그리고 하늘로부터 오실 그분을 기다리도록 초청한다. 이 모든 것들을 예수 그리스도를 증거하는 성경 안에서 발견할 수 있다.

우리는 성부 하나님을 믿는다.

◈ 우리는 성자 하나님을 믿는다

특히, 우리는 그리스도의 절대적인 유일무이하심을 믿는다. 그것을 다시 세분해 보자.

1. 그리스도는 그분의 인격에서 유일무이하시다. 나사렛 예

수는 육신이 되신 말씀, 영원하시며 성육신하신 하나님 아들이시다. 복음적 그리스도인들은 한 위격이신 예수 그리스도의 두 본성—성부 하나님으로부터 영원 속에서 유래된 그분의 온전한 신성과, 동정녀 어머니로부터 시간 속에서 유래된 그분의 진정한 인성—에 대한 역사적 기독교 신앙에 부끄러움 없이 헌신한다. 그리고 우리는 복음서에서 두 본성 모두에 대한 풍성한 증거를 발견한다. 그분과 같은 분은 결코 없었으며, 앞으로도 결코 없을 것이다.

2. 그리스도는 그분의 사역에서 유일무이하시다. 예수님은 사랑과 순종의 완벽한 삶을 사시고서, 자발적으로 신중하게 십자가를 향해 가셨다. 그분 자신의 죄는 전혀 없으셨지만, "친히 나무에 달려 그 몸으로 우리 죄를 담당하셨"다(벧전 2:24). 즉 그분은 자신의 무죄한 인격 안에서 우리 죄가 받아 마땅한 결과들을 견디셨다. 그분이 죽으신 죽음은 죄—그분은 전혀 죄를 짓지 않으셨으므로, 그분의 죄가 아니라, 그분이 동일화하신 우리의 죄—에 대한 정당한 벌이었다. 우리 대신 우리의 죽음을 죽으시면서 우리의 대속물이 되심으로, 그분은 하나님의 공의와 사랑을 둘 다 완벽하게 만족시키셨다. 그리스도께서 성

부 하나님이 내키지 않아하시는 어떤 것을 하셨다는 말이 아니다. 오히려 반대로, 하나님이 그리스도 안에서 그것을 하고 계셨다. 그분의 공의로 죄에 대한 완벽한 희생제사를 요구하시고 그분의 사랑으로 그 제사를 제공하신 것이다. 그런 후 셋째 날에 그분은 다시 살아나셨다. 아니 더 정확히 말하면, 그리스도는 그분의 성자(聖子) 된 영광과 그분 사역의 완성을 공개적으로 강력하게 보여 주시기 위해, 그리고 성부 하나님 우편의 지극히 영광스러운 자리, 오늘날 구원을 주실 수 있는 능력과 권세의 자리로 그분을 높이시기 위해, 성부 하나님에 의해 다시 살리심을 받으셨다.

3. 그리스도는 그분이 제공하시는 구원에서 유일무이하시다. 예수님의 유일무이하신 인격 때문에, 그리고 그분이 행하신 유일무이하신 사역 때문에, 그분은 회개하고 믿는 모든 사람에게 유일무이한 구원을 제공하실 수 있다.

이것이 예수님의 세 가지 유일무이하심이다. 그분은 유일하신 '하나님-인간'으로, 죄를 위한 단 한 번의 온전한 제사를 드리셨고, 하나님과 우리 사이에 존재하는 단 한 분의 중보자이시다(딤전 2:5). 다른 누구도 이 일을 할 수 없다. 베드로가 말하듯이, "천하 사람 중에 구원을 받을 만한 다른 이름을 우리에게 주신 일이 없음이라"(행 4:12).

우리는 성자 하나님을, 그리고 그분의 삼중적 유일무이하심을 믿는다.

◈ 우리는 성령 하나님을 믿는다

이번에는 신약에 나오는 성령님의 여러 호칭 중 다섯 가지를 언급하여 세분해 보겠다.

1. 그분은 생명의 영이시다. 니케아 신경이 표현하듯이, "우리는 주님이시며 생명을 주시는 성령을 믿는다." 우리의 관점에서 볼 때, 그리스도인의 삶은 우리가 회개하고 예수님을 믿을 때 시작된다. 하지만 하나님의 관점에서 볼 때, 그 삶은 허물과 죄 가운데 죽었던 우리가 생명의 성령으로부터 새롭게 태어남으로써 새 생명으로 나아갈 때 시작된다. 거듭나는 것은 위로부터 나는 것, 성령으로 나는 것이다. 우리에게 새로운 생명, 새로운 본성, 새로운 사고방식, 새로운 열정, 새로운 야망을 주시는 분은 성령이시다. "누구든지 그리스도 안에 있으면 새로운 피조물이라. 이전 것은 지나갔으니 보라 새 것이 되었"기 때문이다

(고후 5:17). 그분은 생명의 영이시다.

2. 그분은 진리의 영이시다. 성령은 이제 친히 우리 안에 사시면서, 큰 거짓말쟁이인 마귀의 비방에 반격을 가하신다. 그분은 내적 증거에 의해 우리가 하나님의 사랑받는 자녀라고 확신시켜 주신다. 그리고 하나님의 말씀으로 우리를 가르쳐 우리가 하나님을 아는 지식에서 자라게 하신다.

3. 그분은 거룩함의 영이시다. 곧 성령이시다. 그분의 큰 소망은 우리를 한 단계의 영광에서 다른 단계의 영광으로 지속적으로 변화시켜 그리스도의 형상에 이르게 하는 것이다(고후 3:18). 그리스도의 영은 우리 안에 그리스도를 형성하고, 우리의 성품 안에 사랑과 희락과 화평과 오래 참음과 자비와 양선과 충성과 온유와 절제라는 그분의 아름다운 열매가 무르익게 하기를 원하신다(갈 5:22, 23).

4. 그분은 하나됨의 영이시다. 한 성령은 한 몸을 만드신다(엡 4:3, 4). 그분은 그리스도인의 교제 안에서 우리를 함께 묶어 주신다. 성령의 첫 번째 열매는 사랑이다. 그분은 또한 그리스도의 몸이 자랄 수 있도록 우리에게 전도와 목

회의 은사들을 구비시켜 주시며, 우리가 세상에서 증거하도록 능력을 부여해 주신다.

5. 그분은 영광의 영이시다. 베드로가 썼듯이, "영광의 영…이 너희 위에 계심이라"(4:14). 내주하시는 성령은 하나님의 완전한 구원의 첫 회분, 결국은 나머지가 따를 것이라는 그분의 인격적 보증이다. 성령은 우리의 몸뿐 아니라 온 우주를 썩어짐의 종노릇에서 해방시켜 영광의 자유에 이르게 하신다(롬 8:18-25).

그래서 우리는 복음적 신앙―성경적 신앙―이 본질적으로 삼위일체적 신앙이라는 것을 보게 된다. 우리는 성부 하나님, 창조와 언약과 계시의 하나님을 믿는다. 우리는 성자 하나님, 그분의 인격과 사역과 구원에서 유일무이하신 분을 믿는다. 우리는 성령 하나님, 생명과 진리와 성결과 사랑과 영광의 영을 믿는다.

우리의 기독교적 신경은 삼위일체적이지만 또한 기독론적이기도 해서, 그리스도께 초점을 맞춘다. 성부는 성자를 세상의 구주가 되도록 보내셨으며, 성령은 예수님에 대해, 그분이 주님이심을 증거하시기 때문이다(요일 4:14; 고전 12:3). 오랜 세월 기독교에 대한 주된 공격들이 그리스도의 인격과 사역에 대한 공격이었다는 것은 놀라운 일이 아니다. 이런 이유로 복음주의 신앙고백에서는 그리스도에 대한 그들의 신앙 원칙들을 명확하게 표현하는 것이 지극히 중요했다. 또한 이런 이유로 성경의 권위와 이신칭의(以信稱義, 믿음으로 의롭다 함을 받는 것)는 종교개혁의 두 가지 주요 강조점이었으며, 오늘날 복음적 그리스도인을 나타내는 두 가지 주요 특징이다.[19]

왜 그런가? 그것은 예수 그리스도의 최종성, 곧 하나님이 결정적으로 그리스도 안에서 말씀하시고 행하신 것과 밀접한 관계가 있는 것으로, 복음주의자들은 "선지자들을 통하여 여러 부분과 여러 모양으로…조상들에게" 말씀하셨던 하나님이 그리스도 안에서와 그리스도에 대한 사도들의 증거 안에서 최종적으로 말씀하셨다고 믿기 때문이다. 복음주의자들은 또한 이스라엘 역사 내내 강한 팔로 활발히 역사하셨던 하나님이 십자가에 달리시고 부활하신 그리스도 안에서 그분의 최종적 행동을 수행하셨다고 믿는다. 예수님은 세상에 대한 하나님의 마지막 말씀이자 그리스도가 다시 오실 때까지 세상을 위한 하나님의 마지막 구원 행동이시다. 다시 말해, 하나님의 계시와 하나님의 구속은 둘 다 그리스도 안

---

19 종교개혁 이후의 복음주의 신앙에 대한 가장 충실한 설명으로는 1647년에 완성된 웨스트민스터 신앙고백을 보라. 그것은 성경의 본질, 성경이 지닌 최고 권위 그리고 신앙과 생활의 모든 문제에서 성경의 충족성을 제시해 놓은 정교한 열 개의 항으로 시작된다.

에서 끝났다. '하팍스'(hapax) 혹은 '에파팍스'(ephapax)라는 부사('단번에 그리고 영원토록'이라는 의미)는 신약에서 둘 모두에 적용된다.

그래서 하나님이 그리스도 안에서 하신 말씀에 우리의 말을 덧붙이기 시작한다면, 혹은 하나님이 그리스도 안에서 끝내신 사역에 우리의 행위를 덧붙이기 시작한다면, 우리는 그리스도의 말씀과 사역이 만족스럽지 못하다고, 심지어 불완전하다고 선언하는 셈이 될 것이다. 하나님이 그리스도 안에서 행하시고 말씀하신 것의 완전한 충족성을 침해하는 교리들보다 복음주의자들을 더 분개하게 하는 것은 없다. 우리 주님이시며 구세주이신 예수 그리스도의 유일무이하신 영광을 향한 거룩하고 심지어 격렬한 질투보다 더 복음주의자들을 잘 나타내는 특징은 없다.

II. 우리가 사는 동안 담당할 역할은 무엇인가

이제 우리는 복음적 신앙에 대한 우리의 개인적 책임이 무엇이며, 그 신앙을 간직하고 전달한다는 것이 무슨 의미인지 탐구하기에 이르렀다. 각 세대는 가정에서, 교회에서, 그리고 모든 상황에서 새로 그리스도인이 된 사람들을 가르치는 것에서 저마다 독특한 책임이 있기 때문이다. 나는 성경에 우리를 위해 마련된, 네 가지 주요 의무가 있다고 말하고자 한다.

◈ 복음을 믿고 고백하라

복음적 신앙이란 곧 복음이다. 복음은 하나님으로부터 그리스도를 통해 성령에 의해 오는 구원에 대한 좋은 소식이다. 그렇기 때문에 우리의 첫 번째 책임은 내밀하게 마음과 생각을 다해 우리 자신이 복음을 받아들이고, 그다음에는 공개적으로 우리의 입술로 그 복음을 고백하는 것이다. 바울이 로마서 10:9에서 썼듯이, "네가 만일 네 입으로 예수를 주로 시인하며 또 하나님께서 그를 죽은 자 가운데서 살리신 것을 네 마음에 믿으면 구원을 받"을 것이기 때문이다. 명확한 설명을 덧붙여 보겠다. 우리는 복음적 신앙에 대한 믿음과 예수님에 대한 믿음 또는 예수님을 신뢰하는 것을 구분해서는 안 된다. 신약에서는 그 두 가지가 함께 결합되어 있기 때문이다.

먼저 우리가 신뢰하는 이 예수님이 누구신지 규정하지 않고는 예수님을 믿는 것이 불가능하다. 또한 우리의 지성으로 복음적 신앙을 믿으면서 우리의 신앙이 초점 맞추는 예수님을 인격적으로 신뢰하지 않는 것도 불가능하다. 참된 신앙은 오직 지성으로만 복음적 신앙에 무미건조하게 동의하는 것도 아니고, 또 잘 모르는 예수님께 생각 없이 헌신하는 것도 아니다. 진정한 신앙은 오늘날 예수님께 대한 헌신으로 이어지는, 역사적 예수에 대한 확신이다. 그것은 총체적 그리스도(하나님, 사람, 구세주, 주님이신)에 대한 우리의 총체적 헌신(지성, 감정, 의지, 삶의)이다. 그러므로 이분이 우리가 믿는 예수님이며 그분께 대한 우리의 헌신이 총체적이라고 공개적으로 고백하는 것을 부끄러워하지 말자. 복음적 신앙에 대한 우리의 첫 번째 책임은 복음을 믿고 고백하는 것이다.

◈ 복음을 순종하고 빛나게 하라

신약에서 믿음과 순종은 분리할 수 없는 쌍둥이 같은 존재다. 언어학적으로, '설득되다'라는 의미의 '페이토'(peitho) 동사의 수동태가 때로는 '믿다'라고(예를 들어, 행 17:4; 26:28), 때로는 '순종하다'라고(예를 들어, 롬 2:8; 갈 3:1) 번역되는 것은 의미심장하다. 설득을 당할 때 우리는 믿으면서 순종하고, 또 믿는 것과 순종하는 것은 각각 서로가 없이는 불가능하기 때문이다. 바울은 로마서 처음과 끝, 두 번에 걸쳐(1:5; 16:26) '믿어 순종함'에 대해 말한다. 그리고 히브리서 11장에는 "믿음으로 아브라함은…순종하여"(8절)라는 말이 나온다. 예수님을 순종하지 않고 그분을 신뢰한다거나, 구원자 예수님께 헌신하면서 그분을 주님으로 모시지 않으려 한다거나, 또는 우리가 복음적 신앙을 믿는데 그것이 우리 삶에 아무런 영향을 끼치지 않는다는 것은 상상할 수 없는 일이다. 그렇다. 신약성경 도처에서 하나님의 진리는 그저 믿기만 하면 되는 어떤 것이 아니라 행해야 하는 어떤 것이다. 거기에는 요구들, 의무들, 책임들이 수반된다. 복음적 신앙은 그것을 믿고 받아들이는 사람들을 철저히 변화시킨다.

그렇다면, 우리가 복음에 순종할 때마다, 그로써 우리는 그 복음을 빛나게 한다. 이 표현은 디도서에 나온다(2:10). 거기서 가정의 그리스도인 종들은 정직하고, 성실하고, 복종하고, 충성해서 "범사에 우리 구주 하나님의 교훈을 빛나게" 해야 한다고 나온다. 기독교의 교훈은 구원 교리이며, 그 교리가 빛나는 것은 자신의 구원이 그 행동에서 명백하게 나타나는 사람들에 의해서다. '빛나게 하다'(*kosmeo*, 여기에서 화장품을 뜻하는 단어 cosmetic이 나왔다)라는 이 동사는 신약에서 옷과 보석으로 단장한 여자들에 대해(딤전 2:9), 자기 남편을 위해 단장한 신부에 대해(벧전 3:5; 계 21:2), 그리고 아름다운 돌로 꾸민 예루살렘 성전에 대해(눅 21:5) 사용된다. 단장하는 것은 사람이나 건물의 아름다움을 향상시켜 준다. 바로 그래서, 그리스도를 닮은 거룩한 삶은 복음을 가장 멋진 각도에서 제시하며, 복음의 아름다움과 고상함을 나타내고, 복음을 보는 사람에게 매력적인 것으로 만들어 준다. 우리 복음적 그리스도인들은 복음적 신앙을 빛나게 하는 것이, 또는 빌립보서 1:27에서 바울이 말했듯이 "그리스도의 복음에 합당하게 생활"하는 것이 시급히 필요하다. 좋은 소식이 당신의 삶에서 역사하는 것을 사람들이 볼 수 없다면, 그 좋은 소식을 선포하는 것은 아무 소용이 없다.

복음주의 그리스도인은 복음적 그리스도인이므로 (1) 복음적 삶―검소하고, 일관되고, 그리스도를 닮은―을 살아야 하고, (2) 복음적 가정―남편과 아내가 서로를 그리고 자녀를 사랑하고, 자녀는 자기 부모를 사랑하고 공경하며 주 예수의 훈계와 교훈으로 양육되는―을 세워야 하며, (3) 복음적 교회―진정한 예배를 드리고, 서로 보살피는 교제가 있으며, 온정을 베푸는―를 발전시켜야 한다.

우리가 복음적 신앙에 순종하지 않는다면, 어떻게 그 신앙을 믿는다고 주장할 수 있을까? 우리의 삶과 가정과 교회에서 복음을 빛나게 하지 않는다면, 우리 입술로 복음을 고백하는 것이 무슨 의미가 있는가?

◈ 복음을 선포하고 논증하라

복음적 신앙은 단지 믿고, 고백하고, 순종하고, 빛나게 해야 하는 것만이 아니다. 또한 적극적으로 전파해야 한다. 그래서 모든 '복음주의자'(evangelical, 즉 복음주의 신앙을 믿는 사람)는 '전도자'(evangelist, 그것을 널리 전하는 사람)가 되어야 한다. '전도'(evangelism)는 바로 '복음'(evangel)을 전파하는 것을 의미하기 때문이다.

하지만 특히 우리가 사는 세속화된 사회에서 전도는 우리가 때때로 입증하듯이, 쉽지 않다. 우리는 두 가지 상반되는 실수 중 하나를 저지르는 경향이 있다. 첫 번째 실수는 성경 구절을 암송하면서 사람들에게 '거듭나야' 한다거나, '구원받아야' 한다거나, '믿음으로 의롭다 함을 받아야' 한다거나, '어린양의 피로 씻음을 받아야' 한다거나, 그들이 '하나님 나라에 들어가야' 한다고 선언해서, 사람들이 도대체 우리가 무슨 말을 하고 있는지 어리둥절하게 만드는 것이다. 상반되는 두 번째 실수는 복음을 의미 있는 현대적 용어로 바꿔 보려고 너무 애쓴 나머지, 최종 결과물이 신약성경과 유사한 데가 거의 없게 되는 것이다. 두 실수 모두 동기는 더할 나위 없이 좋다. 성경에 충실하려는 것과, 알아들을 수 있게 전달하려는 것이다. 우리는 둘 다 동시에 하는 법을 배워야 한다. 복된 소식을 성경에 충실하면서도 또한 그만큼 현대 사회에 적절한 용어들로 제시하는 것이다.

이 원리는 우리가 간절히 구원 얻기를 바라는 사람이 누구든 해당된다. 영국의 대학교에 다니는 마르크스주의자 학생일 수도 있고, 중동의 아랍 무슬림이나 이스라엘의 유대인일 수도 있고, 태국의 불교도 혹은 인도의 힌두교도, 아니면 과학적 세속주의자, 아니면 예수님께 순전히 명목상으로만 충성을 바치는 소위 '그리스도인'일 수도 있다. 각 경우에 극복해야 할 문화적 장벽 혹은 메꾸어야 할 문화적 간격이 있다. 사실상 어떤 의미에서 모든 진정한 전도는 타문화적이다. 그 안에서 우리는 예수님이 성육신에서 보여 주신 모범을 따르도록 부르심 받는다. 성육신은 세계 역사에서 가장 대단한 타문화적 사건이다. 하나님의 아들이 우리가 사는 세계에 들어오셨다. 그분은 하늘 문화를 떠나셨으며, 땅의 문화에 들어오셨다. 우리 역시 다른 사람들의 세계에 들어가는 법을 배워야 한다. 그들의 사상 세계뿐 아니라 그들의 고통과 소외와 외로움이라는 개인적 세계에도 들어가야 한다. 그럴 때, 곧 우리에게는 낯선 땅이지만 그들에게는 고향인 그들의 영토 안에 우리가 있을 때에만, 우리는 그들이 이해할 수 있는 방법으로 복된 소식을 그들에게 전할 수 있다.

그런 선포 또는 증거에는 논증이 포함될 것이다. 열띤 논쟁의 논증이 아니라 '성경으로부터 추론하여 사람들을 설득하는' 논증이다. 우리는 교조적으로, 싫으면 그만두라는 식으로 사람들에게 복음을 선포할 수는 없다. 우리는 사람들의 고민과 오해에 민감해야 한다. 우리는 포고자뿐만 아니라 변호자로도 부르심 받는다. 분명, 성령의 역사 없이 성공할 수 있는 전도는 결코 없다. 성령은 최고 증인, 최고 전달자, 최고 전도자이시다. 그분은 진리의 영이시며, 그분의 조명이 없이는 아무도 믿음에 이를 수 없기 때문이다. 그렇기 때문에 예를 들어 바울은 그가 "성령의 나타나심과 능력"(고전 2:4)이라고 부른 것을 전적으로 신뢰했다. 바울이 데살로니가를 방문했을 때, 복음은 말로만이 아니라 또한 "능력과 성령"(살전 1:5)으로 그들에게 이르렀다. 그럼에도 불구하고 바울 역시 논증을 사용했다. 누가는 바울이 데살로니가, 에베소, 고린도, 그리고 다른 곳에서 사람들과 더불어 성경을 가지고 '논증'하며 그들에게 예수가 그리스도라고 '권하는' 것으로 묘사한다(예를 들어, 행 17:2-4). 바울은 논증과 성령이 서로 양립할 수 없다고 생각하지 않았다. 성령이 사람들을 회개와 믿음에 이르게 하는 것은 우리의 설명과 우리의 논증을 통해서이기 때문이다. 그래서 우리는 복음적 신앙, 복음을 선포하고 논증해야 한다.

복음은 말로만이 아니라 시각적으로도 알려져야 한다. 사람들은 좋은 소식을 들을 뿐 아니라 보아야 한다. 나는 지금 앞에서 이미 언급한, 거룩한 삶으로 복음을 빛나게 하는 방법을 생각하는 것이 아니라, 그보다는 긍휼의 선행을 생각하고 있다. 예수님의 공적 사역에서 말과 행위는 결합되어 있었다. 말은 하나님 나라의 좋은 소식을 선포했고, 행위는 그것을 실제로 보여 주었다. 우리도 그래야 한다. 이것은 자선 활동(자비의 행위)과 사회 활동(정의의 추구) 둘 다를 말한다. 그것들은 우리가 선포하는 하나님의 사랑을 드러낸다. 그것들은 예수님이 말씀하신, '우리 빛이 비치게 하여 하늘에 계신 우리 아버지께 영광을 돌리는' 결과를 가져오는 착한 행실이다(마 5:16).

◈ 복음을 변호하고 복음을 위해 고난을 받으라

바울은 빌립보인들이 "첫날부터 이제까지 복음을 위한 일에 참여"한 것에 대해 감사하고 나서, 그들이 "복음을 변명함과 확정함"(빌 1:7)에 그와 함께했다고 말한다. 그는 또한 자신을 "복음을 변증하기 위하여" '여기 있는'(즉 감옥 안에 있는)[20] 것으로 묘사한다. 바울은 *apologia*(변호)라는 헬라어 단어를 두 번, *bebaiosis*(확정)이라는 단어를 한 번 사용한다. 그다음에 1장 끝인 27절에서, 바울은 그들에게 "복음의 신앙을 위하여 협력"하라고, 그것을 위해 싸우라고 촉구한다. 그것이

---

20 개역개정에는 "세우심을 받은"으로 되어 있다—옮긴이.

참이기 때문이다. 이 모든 문구들을 한데 결합해 보면, 복음주의 신앙에 대한 우리의 싸움은 소극적이면서(공격에 대항해 그것을 변호하는 것) 또한 적극적이다(그것의 참됨을 확립하는 것 혹은 확증하는 것).

처음부터 복음적 신앙은 '반대를 받았다.' 로마의 유대인들은 바울에 대해 그리고 바울이 속해 있다고 생각한 이른바 '종파' 또는 '당'에 대해 그 표현을 사용했다. 그들은 "이 파에 대하여는 어디서든지 반대를 받는 줄 알"(행 28:22)고 있다고 말했다. 예수님과 그분의 사도들은 복음을 반대해서 일어날 거짓 선생들에 대해 매우 분명한 경고들을 하셨다. 그들은 그 거짓 선생들을 하나님의 양 떼에 침투해서 양들을 물어뜯고, 분열시키고, 결국 흩어 버리는 '이리'라고 불렀다. 그러니 "주의하라!"고 그들은 말했다. "조심하라! 경계를 늦추지 마라!" 특히 목회자들은 사도적 가르침에 충실해야 한다. 그래서 바른 교훈으로 사람들을 권면하고, 거슬러 말하는 자들을 책망할 수 있어야 한다(딛 1:9).

기독교 신앙에 대한 공격들은 언제나 시대와 함께 변할 것이다. 예수님이 선한 사람에 불과했다고, 또는 모든 종교는 다 하나님에게로 이끈다고 단언하는 사람들뿐 아니라, 우리는 이제 정치적·종교적 견지에서 이슬람이 발흥하는 것을 본다. 게다가 포스트모더니즘은 여러 방향으로 우리를 이끌고

갔다. 그중에는 특히 서구와 학계에서 일어난 다양한 형태의 신무신론(New Atheism), 인류가 과학기술에서 고도의 진보를 이루기 위해서는 무엇이든 가능하다는 생각, 성에 대한 성경적 견해와 관련하여 혼란이 만연하는 현상, 그리고 서서히 퍼지는 것으로, 말이 의도된 의미를 지니고 있음을 부인하는 경향 등이 있다. 이밖에도 수많은 예를 들 수 있다.

그런 위협들과 대조해서, 우리는 믿음을 변호하도록 그리고 우리 속에 있는 "소망에 관한 이유를 묻는 자에게는" "대답할 것"(apologia, 변호)을 항상 준비하도록 부르심 받았다(벧전 3:15). 그래서 우리는 읽고 생각하고 토론해야 한다. 더욱이 우리는 하나님께 은사 있는 변증가들을 더 많이 일으켜 달라고 기도해야 한다. 그들은 기독교 신앙의 적대자들보다 깊이 생각하며 복음을 교회의 신앙으로 재확립할 사람들이다.

일부 복음주의자들은 모든 동료 그리스도인들이 그들 자신이 갖고 있는 특정한 믿음의 시시콜콜한 세부 사항까지 다 동의하기를 바라는 듯하다. 그것은 현세에는 지혜롭지도 가능하지도 않다. 그래서 '가족 안에서', 그리스도께 헌신하고 성경을 이해하고 따르기를 간절히 원하는 것처럼 보이는 사람들 가운데서, 우리는 서로에게 특정한 해석의 자유를 허용해야 한다. 예를 들면, 세례가 유효한 것이 되는 데 필요한 정확한 물의 양에 대해서, 또는 어떤 영적 은사들이 다른 은

사들보다 더 중요한지에 대해서, 또는 예언을 오늘날 어떻게 적용해야 하는지에 대해서 등이다. 이러한 것들은 가족 간의 토론, 가족 안에서의 논쟁이다.

하지만 복음적 신앙의 어떤 기초 원리가 공격을 받을 때, 우리는 무관심하거나 침묵하고 있을 수 없다. 사도 요한은 예수님의 신적-인간적 인격을 부인한 교사들을 "적그리스도"라고 불렀다(요일 2:18-25). 사도 바울은 그리스도 안에서 값없이 주어지는 은혜를 부정하는 어떤 교사에게든 하나님의 심판이 내리기를 빌었다(갈 1:6-9). 사도 바울은 베드로가 그의 행동으로 복음 진리를 부인했을 때 사람들 앞에서 사도 베드로를 반대했다(갈 2:11-16). 오늘날 중대한 교리가 위기에 처한다면, 때로는 대단히 고통스럽고 당혹스러운 대결도 불가피하다.

복음을 변호하면서 복음을 위해 고난받지 않을 수는 없지만, 결코 반대를 초래해서는 안 된다. 하지만 우리는 우리가 믿는 복음적 신앙을 위해 고난받을 준비가 되어 있어야 한다. 바울은 빌립보서 1:29에서 "너희에게 은혜를 주신 것은 다만 그[그리스도]를 믿을 뿐 아니라 또한 그를 위하여 고난도 받게 하려 하심이라"고 썼다. 오늘날 세계에서 우리의 많은 형제자매들이 그들의 신실함으로 인해 물리적 박해를 받고 있다. 힌두교도이든 무슬림이든 마르크스주의자든 모든 광적인 복음 반대자들은 우리 형제자매를 두들겨 패고, 교회를 불태우고, 성경을 몰수하고, 감옥이나 강제 노동 수용소에 집어넣고, 심지어 죽이기까지 한다. 서구에 사는 사람들은 물리적 공격을 당하기보다 예수님의 이름으로 조롱을 당하고 사회에서 매장될 가능성이 더 높다. 그것 역시 매우 고통스러울 수 있다. 하지만 예수님은 우리를 위해 십자가의 수치와 고통을 주저 없이 견디셨으므로, 우리는 (고난받도록 부르심 받았다면) 마치 무슨 이상한 일이 우리에게 일어나는 것처럼 놀라서는 안 된다. 더구나 자기 연민에 빠져서는 더욱 안 된다. 우리는 그리스도의 고난에 참여할 특권을 받은 것을 기뻐해야 한다(행 5:41; 벧전 4:12-14).

결론적으로, 우리는 복음적 신앙이 역사적 기독교 신앙 이상도 이하도 아니라는 것을 보았다. 그것은 완전히 균형 잡히고 충만한 삼위일체적 신앙이다. 그것은 성부, 성자, 성령에 대한 원래의, 성경적, 사도적 신앙이다.

우리는 또한 우리의 책임이 그 신앙을 믿고 고백하는 것, 그것을 순종하고 빛나게 하는 것, 그것을 선포하고 논증하는 것, 그리고 그것을 변호하고 (필요하다면) 그것을 위해 고난받는 것임을 보았다.

하나님이 우리에게 지혜와 용기를 주셔서, 종교개혁자들이 우리를 위해 정말 멋지게 보존해 놓은 그 신앙을 우리 세대에 이런 다양한 방식으로 지키고, 또 그것을 전달할 수 있기를 바란다.

부록

교회의 하나됨을 위한 예수님의 기도

—

연구와 성찰을 위한 질문

—

종교개혁 연대표

—

마르틴 루터의 95개 논제

- 앨런 퍼서(Alan Purser)는 영국 교구 사역과 남아프리카 학생 사역으로 섬겼고, 또 Proclamation Trust와 BCMS Crosslinks에서 간사로 일했다. 그는 아프리카와 유럽 각지를 다니면서 성경적 선교신학을 증진하고, 오늘날의 선교 관행을 예수님과 그 사도들의 가르침에 근거하도록 하기 위해 애썼다.

교회의 하나됨을 위한 예수님의 기도

앨런 퍼서

> 요한복음 17장은 예수님이 연합을 위해, 곧 그분의 교회가 하나 되기를 위해 기도하신 거룩한 땅이다. 그것이 효과적인 선교의 열쇠이기 때문이다. 이 본문은 종종 오해되어 왔다.

어느 교회 지도자가 우리나라를 복음화하지 못하는 가장 심각한 원인은 그리스도의 교회 안에 있는 분열이라고 말하는 것을 들은 기억이 난다. 그는 요한복음 17장에 나오는 예수님의 기도를 언급하면서, 제자들 가운데 하나됨에 대한 그리스도의 열렬한 바람, 그리고 그런 하나됨과 효과적인 선교 간의 밀접한 연관성(17:21)을 지적했다.

    이것은 예수님이 말씀하신 것이 정확히 무엇이었는가 하는 질문을 제기하며, 그것을 조사해 보기 위해 우리를 다시 본문으로 돌아가도록 이끈다. 요한복음 17장에서 하나됨이 얼마나 중요한지는 분명히 나타난다. 예수님이 하나됨을 위해 세 번 기도하셨기 때문이다(21, 22, 23절). 그래서 우리는 다음과 같은 질문을 하게 된다. "그런 하나됨이 어떤 사람들 사이에 있어야 하는가?" "그것은 어떠한 종류의 하나됨을 의미하는가?" "하나됨과 효과적인 선교 간의 연관은 무엇일까?"

어바나에서 열린 북미 학생 선교대회에서 존 스토트는 다락방 강화로 알려진 본문에 대해 시리즈 강해를 하면서 주의하라는 당부의 말을 했다. 그는, 종종 인용되는 이 기도가 에큐메니컬 운동의 증거 본문이 되었다고 말했다. 우리가 그 본문을 올바로 해석하려면, 또 해석할 때 균형을 잃거나 심지어 잘못 판단하지 않으려면, 그 기도의 문맥을 이해하는 것이 중요했다. 스토트는 이어서 "세심하게 비판적으로 면밀히 검토"하라고 촉구했다.[21]

여기에서 우리는 그 본문들을 그렇게 면밀히 검토하려고 한다. 이 말씀에 대한 연구는 오늘날 교회와 선교에 광범위한 함의를 제시하기 때문이다.

예수님의 기도의 구조는 간단하다. 먼저 예수님은 자신을 위해 기도하신다(1-5절), 그다음에 제자들을 위해(6-19절), 그리고 마지막으로 "그들의 말로 말미암아 나를 믿는 사람들"(20-26절)을 위해 기도하신다. 하지만 각 구절의 내용은 다양하다. 예수님의 때가 마침내 이르렀으므로, 자신을 위한 예수님의 기도는 자신이 아버지의 뜻을 수행하는 것에서 그것

---

[21] 존 스토트의 강연들(1964). 수집 중인 비디오 자료들에 대해서는 urbana.org를 보라.

이 수반할 모든 고난과 함께 영광을 받게 해 달라는 것이다. 제자들을 위한 기도로 넘어가면서, 예수님은 그들이 진리, 곧 하나님의 말씀 안에서 발견되는 진리를 위해 그리고 진리에 의해 거룩하게(구별되게) 해 달라고 요청하신다. 이것이 그들이 세상의 적의를 이겨 낼 수 있는 방법이기 때문이다. 예수님이 이미 언급하신, 성령을 주시겠다는 약속은 곧 사도가 될 이 열한 명의 집단에게 하신 것이었다. 성령은 예수님께서 그들에게 가르쳐 주신 모든 것을 그들이 기억해 내도록 하시고, 또 그들이 아직 깨달을 수 없었던 모든 진리로 그들을 인도하실 것이기 때문이다(14:26; 16:8-11을 보라). 예수님은 사도들이 "우리와 같이 그들도 하나가"(11절) 되기를 기도하시지만, 기도의 세 번째 단계에 가서야 예수님의 간구들은 하나됨에 주된 초점을 맞춘다. 그러므로 17:20-26을 더 자세히 살펴보도록 하자.

"내가 비옵는 것은 이 사람들만 위함이 아니요 또 그들의 말로 말미암아 나를 믿는 [저] 사람들도 위함이니"(20절). 스토트가 학생들에게 언급했듯이, "여기서 그리스도는 그분이 방금 기도한 사도들과 후에 그들의 가르침을 통해 예수님을 믿을 사람들을 구분하신다." 그다음에 나오는 내용을 이해하려면 이 구분을 이해하는 것이 지극히 중요하다. 스토트는 그 점을 강조한다.

"예수님은, 편의상 '이 사람들'(즉 사도들)과 '저 사람들'(즉 후대의 신자들)로 지칭할 수 있는 두 집단을 암시하신다. 21절에 나오는, 그리스도가 하나 되기를 바라시는 '다'가 '이 사람들'과 '저 사람들'의 결합이라는 것은 의심할 여지가 없어 보인다. 이것을 좀더 자세히 말해 보겠다. 주 예수님은 선지자적 눈으로 미래를 응시하신다. 그분은 세대를 넘어 이어지는 그분의 제자들을 보신다. 예수님은 그들을 '믿는 사람들'이라고 부르신다. 그들이 그분을 믿을 것이기 때문이다. 그리고 그들은 사도들의 말을 통해 그분을 믿을 것이다. 이것은 우리를 포함해서, 오순절 이후의 모든 그리스도인 신자들에 대한 묘사다.…그렇다면 여기에는 두 집단이 있다. 선택된 사도들의 작은 무리('이 사람들')와 그들의 말을 통해 예수님을 믿을 거대한 무리('저 사람들')다. 그리고 그리스도의 기도는 '다'('이 사람들'과 '저 사람들' 모두) 하나가 되게 해 달라는 것이다."

잠시 멈추고, 이것을 놓치지 않도록 하자. 예수님은 우선 무엇보다도 하나님 아버지께 1세기의 사도적 교회와 그 이후 세기 교회들 간의 하나됨을 요청하고 계신다. 예수님은 우리가 같은 진리를 믿고, 같은 주를 따르고, 같은 메시지를 선포하고, 같은 가르침을 순종하고, 같은 대의를 위해 고난받고, 같은 소망을 공유하기를 기도하고 계신다. 이것은 누가의 말에 따르면 "사도의 가르침을 받아 서로 교제하…기를 힘쓰"던 첫 회심자들에 대한 묘사(행 2:42)와 조화된다. 그들에게 하신 예수님의 약속이 성취된 결과로 신약성경이 기록되었고, 그로 인해 그 후의 모든 세대가 비슷하게 사도들의 가르침에 헌신하는 것이 가능해졌다. 그렇다면 이것이 예수님이 상상하시던 사도적 계승이다. 이것이 예수님이 기도하신 하나됨이다.

그 하나됨의 또 다른 측면은 21절 후반부에 명확히 표현되어 있다. "그들도…우리 안에 있게 하사"라는 것이다. 예수님과 하나님 아버지의 영원한 교제는 교회와 삼위일체 하나님 사이의 관계를 위한 유형을 보여 준다. 그것은 유기적 하나됨에 대해 말한다. 다시 한번 스토트는 그것을 유용하게 표현한다. "그리스도가 기도하신 교회의 하나됨은 주로 우리가 서로 하나가 되는 것이 아니라, 첫째로 우리가 사도들과 하나가 되고 둘째로 우리가 성부 및 성자와 하나가 되게 해 달라는 것이었다. 첫 번째 것은 공동 진리에 대해, 두 번째 것은 공동생활에 대해 말한다. 그리고 교회의 하나됨에는 이 둘이 모두 필요하다."

이와 같이 하나됨을 이루고 유지하는 수단은 공동 진리다. 교리가 분열을 일으킨다는 대중적인 생각과 달리, 예수님은 그 반대를 가르치셨다. 사도들 안에서의 연합은 신적 계시에 대한 그들의 충성에 의해 확보될 것이며(11절), 후대 교회의 연합도 마찬가지 방식으로 확보될 것이다. 스토트는 이렇게 주장한다. "교회의 하나됨은 그리스도 또는 그리스도에 대한 사도적 증거를 소홀히 함으로써 확보되는 것이 아니라, 오히려 그 반대가 될 것이다. 교회의 하나됨은 진리 안에서의 하나됨이다. 휴 라티머의 말을 인용하면, '하나됨은 하나님의 거룩하신 말씀에 따라 이루어져야 한다. 그렇지 않으면 평화보다 전쟁이 더 낫다. 우리는 하나됨을 너무 중요하게 여긴 나머지, 하나님의 말씀을 저버려서는 안 된다.'"[22]

그렇다면 하나됨과 선교 사이의 연관은 무엇인가? 예수님이 기도하시는 모든 것에서, 이러한 하나됨의 목적은 선교학적이다. '세상으로 믿게 하옵소서'(21, 23절)라는 것이다. 이 둘은 언제나 밀접하게 연결되어 있을 것이다. 복음전도는 전체 교회의 부르심에 중심을 이루기 때문이다. 실로 그것이 바로 이 하나됨의 목표이자 목적이다. 그래서 우리는 궁극적 목적지인 천국에 이르기까지(24절) 이 하나됨을 유지하기 위해 모두 애써야 한다.

존 스토트의 요약으로 결론을 맺자. "그렇다면 진리, 거룩함, 하나됨, 선교는 한데 결합되어 있으며 분리할 수 없다."

---

[22] 링컨셔에서 한 라티머(Latimer)의 두 번째 설교(*Sermons*, 1:487).

연구와 성찰을 위한 질문

1. 다음 네 가지 질문을 생각해 보라.

    당신이 처한 상황에서 복음적 신앙에 대한 교리적 도전들은 무엇인가?

    공적 생활 혹은 직장에서 복음적 그리스도인들이 직면하는 문화적 도전들은 무엇인가?

    우리는 사도적 진리의 배턴을 다음 세대에게 얼마나 잘 전달하고 있는가? 우리가 이 일을 더 잘하기 위해 다르게 할 수 있는 것은 무엇인가?

    교회는 지역 수준에서 더 많은 열매를 맺도록 어떤 영역에서 함께 일할 수 있는가? 함께 일하는 데 혼란을 일으킬 수 있는 활동들이 있는가?

2. **종교개혁에 대해 개관해 보라.**

마이클 리브스의 *The Unquenchable Flame* (IVP, 2009) 또는 마이클 리브스와 팀 체스터(Tim Chester)의 *Why the Reformation Still Matters* (IVP, 2016)을 읽어 보라.『꺼지지 않는 불길』(복있는사람 역간);『종교개혁 핵심질문』(복있는사람 역간).

혹은

칼 트루먼(Carl R. Trueman)이 가르친 강의(The Reformation, 총 33강)를 청취해 보라. 필라델피아의 웨스트민스터 신학교 홈페이지와 팟캐스트에서 들을 수 있다.
https://students.wts.edu/resources/media.html
https://itunes.apple.com/us/itunes-u/the-reformation/id924126015

더 깊이 읽기를 원하는 사람들에게는 앤드루 페트그리(Andrew Pettegree)가 편집한 *The Reformation World* (Routledge, 2000)를 추천한다. 종교개혁에 대한 단권짜리 면밀한 연구서로, 훌륭한 삽화가 수록되어 있다.

3. 신앙 고백을 연구하라.

웨스트민스터 신앙고백(The Westminster Confession of Faith, 1647)을 꼼꼼히 읽으라.

추천 안내서는 *Confessing the Faith: A reader's guide to the Westminster Confession of Faith* by Chad Van Dixhoorn (Banner of Truth, 2016).

혹은

케이프타운 신앙고백(Cape Town Confession of Faith, 2010)을 꼼꼼히 읽으라.

추천 안내서는 *Cape Town Commitment: Study Edition by Rose Dowsett* (Hendrickson Publishers/Lausanne Library, 2012), 『케이프타운 서약』(한국 IVP 역간).

4. 전 세계 교회를 위해 기도하라.

다른 지역에 살고 있는 기독교 지도자들이 보낸 응답을 읽으라(lausanne.org/reformation). 이런 지역들의 교회로부터 우리 자신에게 적용할 어떤 교훈을 끌어낼 수 있는가?

추천 도서는 *Pray for the World* by Jason Mandryk and Molly Wall (IVP, 2015), 『세계를 위한 기도』(죠이선교회 역간).

우리는 그리스도의 기도를 어떻게 미래 세대에 더 잘 반영할 수 있는가?

5. **당신이 속한 지역의 교회 역사에 대해 배우라.**

    당신 나라의 복음적 교회 역사를 개관하는 책을 읽으라. 개척자들은 누구였는가? 그 교회는 내적으로 그리고 외적 압력으로부터 어떤 도전에 직면했는가? 당신의 교회가 직면했던 도전으로부터 다른 나라들이 배울 수 있는 교훈이 있는가?

    진리를 위해 싸우다가 특정한 시련을 겪었던 세계 다른 지역의 교회 이야기를 읽으라.

6. **지금 교회의 과업에 대해 논하라.**

    전문 영역 또는 기독교적 입장이 더 확대되어야 하는 영역과 관련된 책으로, 그룹에서 읽고 토론할 책을 한두 권 선정하라. 예를 들면,
    The Courage to be Protestant by David Wells (Eerdmans, 2008)
    Impossible People by Os Guinness (IVP)
    Fruitfulness on the Frontline by Mark Greene (IVP)

종교개혁 연대표

이렇게 간소한 분량의 책에서는 가장 용감한 사람들이 이루어 낸 놀라운 은혜의 역사에 대해 꾸밈없는 사실 그대로의 이야기만 담을 수 있을 것이다. 아래 나오는 사람들은 각각 책의 한 장씩을 할애해서 다룰 정도의 가치가 있다. 여기 포함되지 않은 각 순교자의 삶과 죽음 역시 마찬가지다. 이 책의 다른 곳에 나오지 않는 주요 인물들을 서너 명 포함시킨 이유는 독자들이 더 탐구하도록 초청하고자 함이다.

날짜를 확증할 수 없는 몇몇 경우에는 가장 일반적으로 사용되는 날짜를 표시해 놓았다.

1324   '종교개혁의 새벽별' 존 위클리프(John Wycliffe), 잉글랜드 요크셔(Yorkshire)에서 출생

1369   얀 후스(Jan Hus), 보헤미아 후시네츠(Husinec)에서 출생[23]

---

23 한때 프라하 대학교(University of Prague) 총장이었으며, 위클리프의

1384	존 위클리프, 잉글랜드 레스터셔(Leicestershire)에서 사망. 당대의 신앙에 대한 그의 도전은 곳곳에 흩어진 위클리프파(Wycliffites) 혹은 (조롱의 의미로) 롤라드파(Lollards)라고 알려진 집단에 의해 이어짐
1407	제임스 레스비(James Resby)가 '이교도'로 선언되어, 1407년 혹은 1408년에 스코틀랜드 퍼스(Perth)에서 화형을 당함[24]
1412	얀 후스가 예수 그리스도가 교회의 권위 위에 계시다고 공개적으로 호소함[25]
1414	얀 후스가 콘스탄츠 공의회(Council of Constance)에 소환된 후, 스위스 콘스탄츠에서 화형을 당함
1416	세인트앤드루스 대학교(St Andrews University) 졸업 예정자들이 롤라드파에 저항할 것을 맹세하도록 요구받음
1433	보헤미아 출신의 파벨 크라바르즈(Pavel Kravař, Paul Craw)가 스코틀랜드 세인트앤드루스에서 화형을 당함
1450	요하네스 구텐베르크(Johannes Gutenberg)가 인쇄기를 발명함
1466	데시데리우스 에라스무스(Desiderius Erasmus), 네덜란드 로테르담(Rotterdam)에서 출생
1483	마르틴 루터(Martin Luther), 작센주 아이스레벤(Eisleben)에서 출생
1484	울리히 츠빙글리(Huldrych Zwingli), 스위스 빌트하우스(Wildhaus)

영향을 받았다. 그의 저술은 루터에게 영향을 미쳤다.

[24] A. M. Renwick가 저술한 고전 *The Story of the Scottish Reformation* (Christian Focus Publications)을 보라.

[25] 보헤미아 종교개혁의 출발을 알림. 이 해에 이름 없는 '보통 사람들'이 화형을 당했다. 아마 역사상 두 번째 시기의 순교자들일 것이다. 15세기를 거치면서 몇몇 유럽 국가들에 영적 새벽이 밝아 왔다. 종교개혁 학자 Heiko Oberman의 말을 빌리면, 종교개혁은 그전 몇 세기에 걸쳐 일어난 일의 위대한 결과였다. 마르틴 루터는 거인들의 어깨 위에 서 있었다.

에서 출생

1487	휴 라티머(Hugh Latimer), 잉글랜드 레스터셔(Leicestershire)에서 출생
1489	토머스 크랜머(Thomas Cranmer), 잉글랜드 노팅엄셔(Nottinghamshire)에서 출생
1491	윌리엄 틴들(William Tyndale), 잉글랜드 글로스터셔(Gloucestershire)에서 출생
1494	마르틴 부처(Martin Bucer), 프랑스 셀레스타(Sélestat)에서 출생
1495	토머스 빌니(Thomas Bilney), 잉글랜드 노퍽(Norfolk)에서 출생
1499	피에트로 마르티레 베르미글리(Pietro Martire Vermigli), 이탈리아 피렌체(Firenze)에서 출생. 얀 라스키(Jan Łaski, Johannes à Lasco), 폴란드 라스크(Łask)에서 출생
1500	니컬러스 리들리(Nicholas Ridley), 잉글랜드 노섬벌랜드(Northumberland)에서 출생
1505	루터, 아우구스티누스 수도원 입회
1504	하인리히 불링거(Heinrich Bullinger), 스위스 아르가우(Aargau)에서 출생
1509	장 칼뱅(John Calvin), 프랑스 누아용(Noyon)에서 출생
1513	존 녹스(John Knox), 스코틀랜드 해딩턴(Haddington)에서 출생
1516	에라스무스, 헬라어 신약성경 출간
1517	루터가 비텐베르크(Wittenberg) 성 교회(Castle Church) 문에 95개 논제를 게시함
1521	보름스 제국의회(Diet of Worms). 루터가 바르트부르크(Wartburg) 성에 보호 감호되었으며, 그곳에서 신약성경을 독일어로 번역함. 헨리 8세(Henry VIII)가 루터에 대항해서 『일곱 가지 성례에 대한 변호』(*Defence of the Seven Sacraments*)를 출간하고, '신앙의 수호

	자'라는 호칭을 얻음
1522	루터, 신약성경 독일어 번역 완성
1526	윌리엄 틴들의 영어 신약성경 완성
1528	패트릭 해밀턴(Patrick Hamilton)이 스코틀랜드 세인트앤드루스에서 이교도로 화형당함
1531	토머스 빌니가 잉글랜드 노리치(Norwich)에서 이교도로 화형을 당함
1532	토머스 크랜머가 캔터베리 대주교로 임명됨
1534	헨리 8세가 '잉글랜드 교회의 수장(首長)'으로 선언됨. 루터가 번역한 성경의 최초 완성판 발간
1536	칼뱅이 제네바에 도착함. 그의 『기독교 강요』(Institute) 초판 발간. 에라스무스 사망. 윌리엄 틴들이 처형 당함. 레이디 제인 그레이(Lady Jane Gray)가 아마도 잉글랜드 레스터셔에서 출생
1546	루터, 독일 아이슬레벤(Eisleben)에서 사망
1547	헨리 8세 사망. 복음주의자인 그 아들 에드워드 6세가 왕위를 계승함
1549	공동기도서(Book of Common Prayer) 발간
1551	마르틴 부처, 케임브리지에서 사망
1553	에드워드 6세 사망. 사촌 레이디 제인 그레이가 잉글랜드 여왕으로 즉위했으나, 9일 후 폐위됨
1553-8	'피의' 메리 여왕('Bloody' Queen Mary)이 왕위에 오르고 잉글랜드를 다시 로마가톨릭으로 돌아가게 함
1554	레이디 제인 그레이가 참수당함
1555	니컬러스 리들리와 휴 라티머가 옥스퍼드에서 화형당함
1556	토머스 크랜머가 옥스퍼드에서 화형당함
1558	엘리자베스 1세가 메리 여왕의 뒤를 이어 즉위하고, 잉글랜드 교

	회를 에드워드 시절과 대략 비슷하게 돌려놓음
1560	얀 라스키, 폴란드 핀초프(Pińczów)에서 사망
1562	피에트로 마르티레 베르미글리, 독일 취리히(Zurich)에서 사망
1564	칼뱅, 스위스 제네바에서 사망
1572	존 녹스, 스코틀랜드 에든버러(Edinburgh)에서 사망
1575	하인리히 불링거, 스위스 취리히에서 사망
1611	킹 제임스 성경(혹은 흠정역 성경) 완성

종교개혁이 시작된 후에 나온 신앙고백 선언

1523	울리히 츠빙글리의 67개 신조(Sixty-Seven Articles of Ulrich Zwingli)
1527	슐라이트하임 신앙고백(Schleitheim Confession)
1530	아우크스부르크 신앙고백(Augsburg Confession)
1536	제네바 신앙고백(Geneva Confession)
1561	벨직 신앙고백(Belgic Confession)
1563	하이델베르크 교리문답(Heidelberg Catechism)
1571	잉글랜드 교회의 39개 신조(Thirty-Nine Articles of the Church of England)
1619	도르트 신조(Canons of Dort)
1647	웨스트민스터 신앙고백(Westminster Confession)
1689	제2차 런던 침례교 신앙고백(Second London Baptist Confession)

마르틴 루터의 95개 논제

진리에 대한 사랑과 그 진리를 밝히 드러내고자 하는 열망으로, 문학과 신학 석사이며 이곳에서 문학과 신학 과목을 가르치는 교수인 마르틴 루터의 주재하에, 다음 논제들이 비텐베르크에서 공개적으로 논의될 것이다. 그러므로 이 자리에 참석해서 우리와 말로써 토론에 참여할 수 없는 자들은 서신으로 토론할 것을 요청한다.

우리 주 예수 그리스도의 이름으로. 아멘.

1. 우리 주님이시며 선생이신 예수 그리스도께서 "회개하라"(*Poenitentiam agite*)고 말씀하셨을 때, 믿는 자의 삶 전체가 회개가 되기를 원하셨다.
2. 이 말씀은 사제가 집례하는 고해성사, 곧 죄의 고백과 사죄를 의미하는 것으로 이해될 수 없다.
3. 또한 이것은 내적 회개만을 의미하지 않는다. 아니 오히려, 육신의

여러 가지 정욕을 죽이려고 외적으로 노력하지 않는 내적 회개는 없다.

4. 그러므로 [죄에 대한] 형벌은 자신에 대한 미움이 계속되는 한 계속된다. 이것이 참된 내적 회개이며, 우리가 하늘나라에 들어갈 때까지 계속되기 때문이다.

5. 교황은 그 자신의 권위나 혹은 교회법의 권위로 그가 부과한 형벌 외에는 어떠한 형벌도 사면할 의지가 없으며 사면할 수도 없다.

6. 교황은 하나님이 죄를 용서하셨다는 것을 선언하고 또 하나님의 용서에 동의하는 것 외에는 어떠한 죄도 용서할 수 없다. 하지만 분명 교황은 그가 판결을 내리도록 되어 있는 경우에는 사면을 승인할 수 있다. 그런 경우에 교황이 사면을 승인할 권리가 멸시된다면, 그 죄는 전혀 용서받지 못한 채로 남아 있을 것이다.

7. 하나님은, 모든 일을 겸손히 행하지 않고 또 그분의 대리자인 사제에게 복종하지 않는 자의 죄를 용서하지 않으신다.

8. 참회에 대한 교회법은 살아 있는 사람들에게만 부과되며, 그 법에 따르면 죽은 자들에게는 어떤 것도 부과되어서는 안 된다.

9. 그러므로 교황 안에 계신 성령은 우리에게 자비로우시다. 교황의 법령에서 죽음 및 불가피한 상황은 언제나 면제되기 때문이다.

10. 죽어 가는 사람에게 교회법에 따라 연옥에서의 참회를 부과하는 사제들은 무식하고 악한 자들이다.

11. 이렇게 교회법의 형벌을 연옥의 형벌로 바꾸는 것은 분명 주교들이 잠을 자는 동안에 뿌려진 가라지 중 하나다.

12. 이전에는 교회법의 형벌이 사죄 선언 후가 아니라 사죄 선언 전

에, 진정한 통회의 시금석으로서 부과되었다.
13. 죽어 가는 사람들은 죽음으로써 모든 형벌에서 벗어난다. 그들은 교회법의 규칙들에 대해 이미 죽었으며, 그 규칙들로부터 해방될 권리를 갖는다.
14. 죽어 가는 사람들의 불완전한 [영혼의] 건강, 즉 불완전한 사랑은 필연적으로 큰 두려움을 수반한다. 그리고 사랑이 적을수록 두려움은 더 크다.
15. 이 두려움과 공포는 그 자체만으로 (다른 것들은 말할 것도 없고) 연옥의 형벌이 되기에 충분하다. 그것은 절망의 공포에 대단히 가깝기 때문이다.
16. 지옥, 연옥, 천국의 차이는 절망, 거의 절망, 확실한 안전의 차이와 같다.
17. 연옥에 있는 영혼들에게는, 공포가 점점 감소하고 사랑이 증가하는 것이 필요해 보인다.
18. 그 영혼들이 공로의 영역 바깥에 있는지, 즉 사랑을 더 입을 수 없는지 여부는 이성으로나 성경으로 입증되지 않는 듯하다.
19. 또한, 우리는 자신의 구원을 확신할 수 있다 해도, 연옥에 있는 영혼들은, 최소한 그들 전부가 자신의 구원을 확신하거나 보장받는다고 입증되지 않는 듯하다.
20. 그러므로 교황이 말하는 '모든 형벌의 완전 사면'이라는 말은 실제로는 '모든' 형벌이 아니라 그 자신이 부과한 형벌만을 의미한다.
21. 그러므로 인간이 교황의 면벌부를 통해 모든 형벌을 면하고 구원을 받을 수 있다고 말하는 면벌부 설교자들은 잘못된 것이다.

22. 사실상 교황은 연옥에 있는 영혼들에게, 그들이 살아 있을 때 교회법에 따라 치러야 했을 형벌을 사면할 수 없다.

23. 어떤 사람에게 어떤 형벌이든 모두 사면해 주는 것이 가능하다 할지라도, 이런 사면은 분명히 가장 완전한 사람들, 즉 극소수의 사람들에게만 부여될 수 있다.

24. 그러므로, 대부분의 사람은 형벌로부터의 해방이라는 무분별하고 거창한 약속에 분명 기만당하고 있다.

25. 교황이 연옥에 대해 갖는 일반적 영향력은, 어떤 주교나 보좌 신부가 자신의 주교관구 또는 교구 안에서 갖는 특별한 영향력과 같다.

26. 교황이 (자신이 갖고 있지 않은) 열쇠의 능력이 아니라 중보 기도를 통해 [연옥에 있는] 영혼을 사면한다면 그것은 바람직한 일이다.

27. 연보궤에 돈이 짤랑하고 떨어지는 순간 영혼이 [연옥으로부터] 훌쩍 풀려난다고 말하는 이들은 사람의 교리를 가르치는 것이다.

28. 연보궤에 돈이 짤랑하고 떨어질 때, 이익과 탐욕이 분명히 증가할 수 있다. 하지만 교회의 중보 기도의 결과는 오직 하나님의 권세에 달려 있다.

29. 성 세베리누스(St. Severinus)와 성 파샤시우스(St. Paschasius)의 전승에서 보듯이, 연옥에 있는 모든 영혼이 돈을 내고 거기서 벗어나기를 원하는지 아닌지 누가 알겠는가?

30. 누구도 자신의 통회가 진지한 것인지 확신할 수 없다. 더군다나 자신이 완전한 사면을 받았는지는 더욱더 확신할 수 없다.

31. 참으로 참회하는 자가 드문 것처럼, 참으로 면벌부를 사는 사람

은 드물다. 즉 그런 사람들은 극히 드물다.

32. 자신이 면벌부를 갖고 있기 때문에 구원받았다고 확신하는 사람들은 그들의 교사들과 더불어 영원히 정죄를 받을 것이다.

33. 교황의 사면을 가리켜, 인간이 하나님과 화목할 수 있게 하는 하나님의 측량할 수 없는 선물이라고 말하는 사람들을 특별히 경계해야 한다.

34. 왜냐하면 이 '사면의 은혜'는 오로지 사람이 정한, 성례전적 보속을 요구하는 형벌에만 영향을 주기 때문이다.

35. 면벌부를 사서 연옥으로부터 영혼을 속량하려는 이들과 고해 신부를 마음대로 선택할 수 있는 허가증을 사려는 이들에게는 통회가 필요하지 않다고 가르치는 사람은 비기독교적 교리를 선포하는 것이다.

36. 진정으로 회개하는 모든 그리스도인은 면벌부 없이도 형벌과 죄책으로부터 완전한 사면을 받을 권리가 있다.

37. 살아 있든 죽었든, 모든 진정한 그리스도인은 그리스도와 교회의 모든 축복에 참여한다. 그리고 이것은 면벌부 없이도 하나님이 그에게 주시는 것이다.

38. 그럼에도 불구하고, 교황이 부여하는 사면과 [교회의 축복에 대한] 참여는 결코 무시되어서는 안 된다. 왜냐하면 그것들은 앞에서 말했듯이, 신적 사면에 대한 선포이기 때문이다.

39. 아주 명민한 신학자라 할지라도, 사람들에게 사면의 풍성함과 진정한 통회[의 필요성]을 동시에 권하는 것은 매우 어려운 일이다.

40. 진정한 통회는 형벌을 구하고 기꺼이 받는다. 하지만 남발되는

면벌부는 형벌을 완화할 뿐이며, 그 형벌을 혐오하게 만들거나 적어도 [그 형벌을 미워할] 기회를 제공한다.

41. 사도적 사면권에 대해서는, 사람들이 그 사면권을 다른 사랑의 선행들보다 낫다고 잘못 생각하지 않도록 신중하게 설교되어야 한다.

42. 교황은 어떤 식으로든 면벌부 구입과 자선 행위를 비교하려는 의도가 없다는 것을 그리스도인들에게 가르쳐야 한다.

43. 가난한 자에게 나누어 주거나 궁핍한 자에게 빌려 주는 것이 면벌부를 사는 것보다 더 좋은 행위라는 것을 그리스도인들에게 가르쳐야 한다.

44. 왜냐하면 사랑은 사랑의 행위에 의해 자라나고, 사람은 더 나은 존재가 되기 때문이다. 하지만 면벌부에 의해서는 사람이 더 나아지지 않으며, 단지 형벌에서 더 자유로워질 뿐이다.

45. 궁핍한 사람을 보고도 그를 지나쳐 [그의 돈을] 면벌부를 사는 데 쓰는 사람은 교황의 사면을 사는 것이 아니라, 하나님의 진노를 사는 것임을 그리스도인들에게 가르쳐야 한다.

46. 그리스도인들은 그들이 필요한 것보다 더 많이 소유하지 않는 한, 자기 가족에게 필요한 것을 간직하고, 절대 면벌부에 그것을 탕진해서는 안 된다고 그리스도인들에게 가르쳐야 한다.

47. 면벌부를 사는 것은 자유의지의 문제이지 명령이 아님을 그리스도인들에게 가르쳐야 한다.

48. 사면증을 발행하는 교황은 그리스도인들이 가져오는 돈보다 자신을 위한 그들의 경건한 기도를 더 필요로 하며, 그렇기 때문에

그런 기도를 더 바란다는 것을 그리스도인들에게 가르쳐야 한다.

49. 교황의 면벌부는 그리스도인들이 그것을 신뢰하지 않는다면 유용하지만, 그것 때문에 하나님에 대한 두려움을 잊어버린다면 전적으로 해롭다는 것을 그리스도인들에게 가르쳐야 한다.

50. 면벌부 설교자들의 강매 행위를 교황이 안다면, 교황은 성 베드로 성당이 그의 양들의 가죽과 뼈와 살로 건축되느니 오히려 잿더미가 되기를 원할 것임을 그리스도인들에게 가르쳐야 한다.

51. 교황은 성 베드로 성당을 팔아서라도, 면벌부 판매자들에게 돈을 갈취당한 많은 이들에게 자신이 가진 돈을 나누어 주기를 바랄 것이며, 그것이 그의 의무라는 것을 그리스도인들에게 가르쳐야 한다.

52. 면벌부 담당 주교라 해도, 아니 심지어 교황 자신이 그의 영혼을 면벌부에 건다 해도, 면벌부에 의해 구원을 보장한다는 것은 헛된 일이다.

53. 면벌부에 대해 설교하기 위해 교회에서 하나님의 말씀을 완전히 금하는 사람들은 그리스도와 교회의 적이다.

54. 같은 설교에서 하나님의 말씀보다 면벌부에 똑같거나 더 많은 시간을 할애하는 것은 하나님의 말씀을 훼손하는 것이다.

55. 지극히 작은 것인 면벌부가 하나의 종, 한 번의 행진과 의식으로 경축된다면, 가장 위대한 것인 복음은 백 개의 종, 백 번의 행진과 백 번의 의식으로 전파되어야 한다는 것이 교황의 의도일 것이다.

56. 교황이 면벌부를 꺼내 주는 '교회의 보물 창고'는 그리스도의 백

성에게 충분히 거론되거나 알려지지 않았다.

57. 그것들이 일시적인 보물이 아니라는 것은 분명 명백하다. 많은 면벌부 판매자들은 그런 보화를 쉽사리 쏟아 놓지 않고 그저 모으기만 하기 때문이다.

58. 그것들은 또 그리스도와 성인들의 공로도 아니다. 왜냐하면 이러한 공로들은 교황 없이도 속사람에게는 은혜를, 겉사람에게는 십자가와 죽음과 지옥을 가져다 주기 때문이다.

59. 성 라우렌티우스(Sanctus Laurentius)는 교회의 가난한 자들이 교회의 보물이라고 말했다. 하지만 이는 그 당시 말의 어법에 따라 말한 것이다.

60. 그리스도의 공로로 교회에 주어진 열쇠가 그 보물이라고 말하는 것은 경솔한 행동이 아니다.

61. 왜냐하면 형벌의 사면과 보류된 사건을 처리하는 일은 분명히 교황의 권한 자체로 충분하기 때문이다.

62. 교회의 진정한 보물은 하나님의 영광과 은혜를 담은 지극히 거룩한 '복음'이다.

63. 하지만 이 보물은 자연적으로는 가장 불쾌하다. 왜냐하면 그것은 처음 된 자를 나중 된 자로 만들기 때문이다.

64. 다른 한편, 면벌부의 보물은 자연적으로는 가장 받아들이기 쉽다. 왜냐하면 그것은 나중 된 자를 처음 된 자로 만들기 때문이다.

65. 그러므로 복음의 보물은 이전에 사람들을 풍성히 낚았던 그물이다.

66. 지금 면벌부의 보물은 사람들의 재산을 낚는 그물이다.

67. 설교자들이 '가장 큰 은혜'라고 외치는 면벌부는, 그것이 이익을 증진하는 한에서만 실제로 그렇다고 알려져 있다.

68. 실제로 면벌부는 하나님의 은혜와 십자가의 신실함에 비교해 볼 때, 가장 작은 은혜다.

69. 주교와 교구 사제들은 사도적 면죄의 대리인들을 매우 경건하게 맞아들여야 한다.

70. 하지만 이런 사람들이 교황으로부터 위임받은 것 대신 자기 자신의 몽상을 설교하지 않도록 그들은 더욱더 눈을 똑바로 뜨고 귀를 활짝 열어야 한다.

71. 사도적 면죄의 진리를 거슬러 말하는 사람은 파문되고 저주를 받을지어다!

72. 하지만 면벌부 설교자들의 욕망과 방종을 경계하는 이들은 축복을 받을지어다!

73. 교황은 어떤 식으로든 면벌부 판매에 해를 끼치는 이들을 정당하게 규탄할 수 있다.

74. 하지만 교황은 면벌부를 구실 삼아 거룩한 사랑과 진리에 해를 끼치는 사람들을 훨씬 더 규탄해야 한다.

75. 교황의 면벌부를 과대평가해서 인간이 도저히 있을 수 없는 죄를 짓고 성모를 모독했다 해도 면벌부가 그의 죄를 사해 줄 수 있다고 생각한다면, 그것은 미친 짓이다.

76. 그와 반대로, 우리는 교황의 면벌부는 아무리 가벼운 죄라도, 그 죄책에 관한 한, 그것을 제거할 수 없다고 주장한다.

77. 사람들은 성 베드로가 지금 교황이라 해도 더 큰 은혜를 베풀어

주지 못했을 것이라고 말한다. 하지만 이것은 성 베드로와 교황에 대한 모독이다.

78. 그와 반대로 우리는 현재의 교황도, 그리고 어떤 교황이라도 더 큰 은혜를 원하는 대로 사용할 수 있다고 주장한다. 더 정확히 말해서, 고린도전서 12장에 기록된 대로, 복음과 능력과 치유의 은사 등이다.

79. [면벌부 설교자들이] 세워 놓는, 교황의 소매에 장식된 십자가가 그리스도의 십자가와 똑같은 가치를 갖고 있다고 말하는 것은 신성모독이다.

80. 그러한 말이 사람들에게 퍼져 나가는 것을 허용하는 주교, 교구 사제, 신학자들은 해명을 해야 할 것이다.

81. 이 무분별한 면벌부 설교 때문에 박식한 사람이라도 비방이나 심지어 평신도들의 예리한 질문으로부터 교황의 권위와 영예를 보호하기가 어렵다.

82. 예를 들어 이런 질문이다. "교황이 성당을 짓는 데 드는 하찮은 돈을 위해 무수한 영혼을 구속한다면, 그는 왜 거룩한 사랑을 위해 그리고 연옥에 있는 영혼들의 절박한 필요를 위해 연옥을 비우지 않는가? 전자는 가장 사소한 이유이다. 반면 후자는 그 이유가 가장 정당할 것이다."

83. 또 이런 질문이다. "이미 구속받은 이를 위해 기도하는 것은 부당한 일인데, 왜 죽은 자의 장례 미사나 기념 미사는 계속되는가? 또, 왜 교황은 그들을 위해 바친 기부금을 돌려주거나 그것의 철회를 허락하지 않는가?"

84. 또 이런 질문이다. "돈만 내면 불경건한 자와 적들이 하나님의 친구의 경건한 영혼을 연옥에서 나올 수 있도록 허락하면서, 경건하고 사랑스런 그 영혼 자신의 필요 때문에 순수한 사랑의 목적으로 그 영혼을 자유롭게 하지는 않는, 하나님과 교황의 이 새로운 경건이란 도대체 무엇인가?"

85. 또 이런 질문이다. "실제로 사용하지 않으면서 오래전에 폐기되고 효력을 잃어버린 참회에 관한 교회법이 왜 마치 아직도 살아있고 효력이 있는 것처럼 지금 면벌부를 주는 방식으로 이행되는가?"

86. 또 이런 질문이다. "왜 오늘날 가장 부유한 사람보다 더 많은 재물을 가지고 있는 교황이 가난한 신자들의 돈이 아니라 그 자신의 돈으로 이 성 베드로 성당 하나라도 짓지 않는가?"

87. 또 이런 질문이다. "철저한 통회로 완전 사면과 은총에 참여할 권리를 갖고 있는 사람들에게 교황은 무엇을 사면하고 어떤 참여를 준다는 것인가?"

88. 또한 이런 질문이다. "교황이 지금 하루에 한 번씩 하는 것을 백 번씩 해서 모든 신자에게 이 사면과 참여를 베푼다면 교회에 어떤 더 큰 축복이 임하겠는가?"

89. "교황이 면벌부를 통해 돈보다 영혼 구원을 추구하고 있다면, 왜 그는 지금까지 해 온 면죄와 사면을 중단하는가? 그것들이 똑같은 효력을 갖고 있는데 말이다."

90. 평신도들의 이런 주장과 거리낌을 오직 힘으로 억누르고, 그들에게 합당한 이유를 제시하지 않는 것은 교회와 교황을 적들의

웃음거리로 만들고 그리스도인들을 불행하게 만든다.

91. 그러므로 면벌부가 교황의 마음과 생각에 따라 전파된다면, 이 모든 의심들은 쉽게 해결될 것이다. 아니 이미 없어졌을 것이다.

92. 그렇다면 그리스도의 백성에게 평안이 없는 곳에서 "평안하다, 평안하다"라고 말하는 모든 선지자들은 다 물러가라.

93. 그리스도의 백성에게 십자가가 없는 곳에서 "십자가, 십자가"라고 말하는 모든 선지자들에게 복이 있을지어다.

94. 그리스도인들은 형벌, 죽음, 지옥을 거치면서 그들의 머리가 되시는 그리스도를 부지런히 따르라는 권고를 받아야 한다.

95. 따라서 하늘나라는 평안함에 대한 확신을 통해서보다 많은 환난을 통해 들어가는 것임을 확실히 알도록 하라.

옮긴이 정옥배는 외국어대학교 서반아어과를 졸업하고 IVP 간사를 역임했으며 미국에 있는 웨스트민스터 신학교와 풀러 신학교에서 수학했다. 옮긴 책으로 『데이트와 사랑의 미학』 『비교할 수 없는 그리스도』 『이슬람의 딸들』 『진정한 기독교』 『현대를 사는 그리스도인』(한화룡 공역), 『사랑 연습』, BST 시리즈 『신명기』 『여호수아』 『누가복음』 『로마서』 『에베소서』 『골로새서·빌레몬서』 『데살로니가전후서』 『베드로전서』 『베드로후서·유다서』(이상 IVP) 등 다수가 있다.

살아 있는 종교개혁

초판 발행_ 2020년 10월 31일

지은이_ 존 스토트·마이클 리브스
옮긴이_ 정옥배
펴낸이_ 신현기

펴낸곳_ 한국기독학생회출판부
등록번호_ 제313-2001-198호(1978.6.1)
주소_ 04031 서울시 마포구 동교로 156-10
대표 전화_ (02)337-2257 팩스_ (02)337-2258
영업 전화_ (02)338-2282 팩스_ 080-915-1515
홈페이지_ http://www.ivp.co.kr 이메일_ ivp@ivp.co.kr
ISBN 978-89-328-1787-3

ⓒ 한국기독학생회출판부 2020

책값은 뒤표지에 있습니다.
무단 전재와 복제를 금합니다.